楊進・橋逸郎／編著

健康太極拳稽古要諦

楊名時太極拳の秘必用法と太極拳古典文献

ベースボール・マガジン社

健康太極拳稽古要諦　目次

健康太極拳　稽古要諦　楊名時太極拳の秘必用法と太極拳古典文献　目次

壱

健康太極拳稽古要諦

楊名時太極拳の秘必用法と太極拳古典文献

※秘必（ひひつ）とは秘伝にして必須の意味。

壱

楊名時太極拳　稽古要諦

〝楊名時太極拳　稽古要諦〟は楊名時師家が文献資料から抜粋した太極拳実技のための要訣集で、すべて四字訣、二十四訣で構成される。

師家は日ごろの稽古で一回に二組ずつ解説した。そうすることで週に一度の教室なら3ヶ月で一巡することができ、二十四式太極拳の学習との親和性をとっている。二十四式太極拳の型数と同じ二十四組の標語で構成されるが、太極拳の個々の形と稽古要諦の並び順に関連はない。稽古要諦はひとつひとつの要訣が二十四ある太極拳動作のすべてに関係し、ひとつの文章が特定の動作にあてはまるものではない。

稽古要諦は「秘訣集」。「秘訣」とは、ただ稽古を重ねるだけでは気づかないこと、具体化されないことを理解するための解説である。師家をはじめ多くの先達の叡智がここにあるわけで、ぜひ活用して太極拳学習を進化させたい。

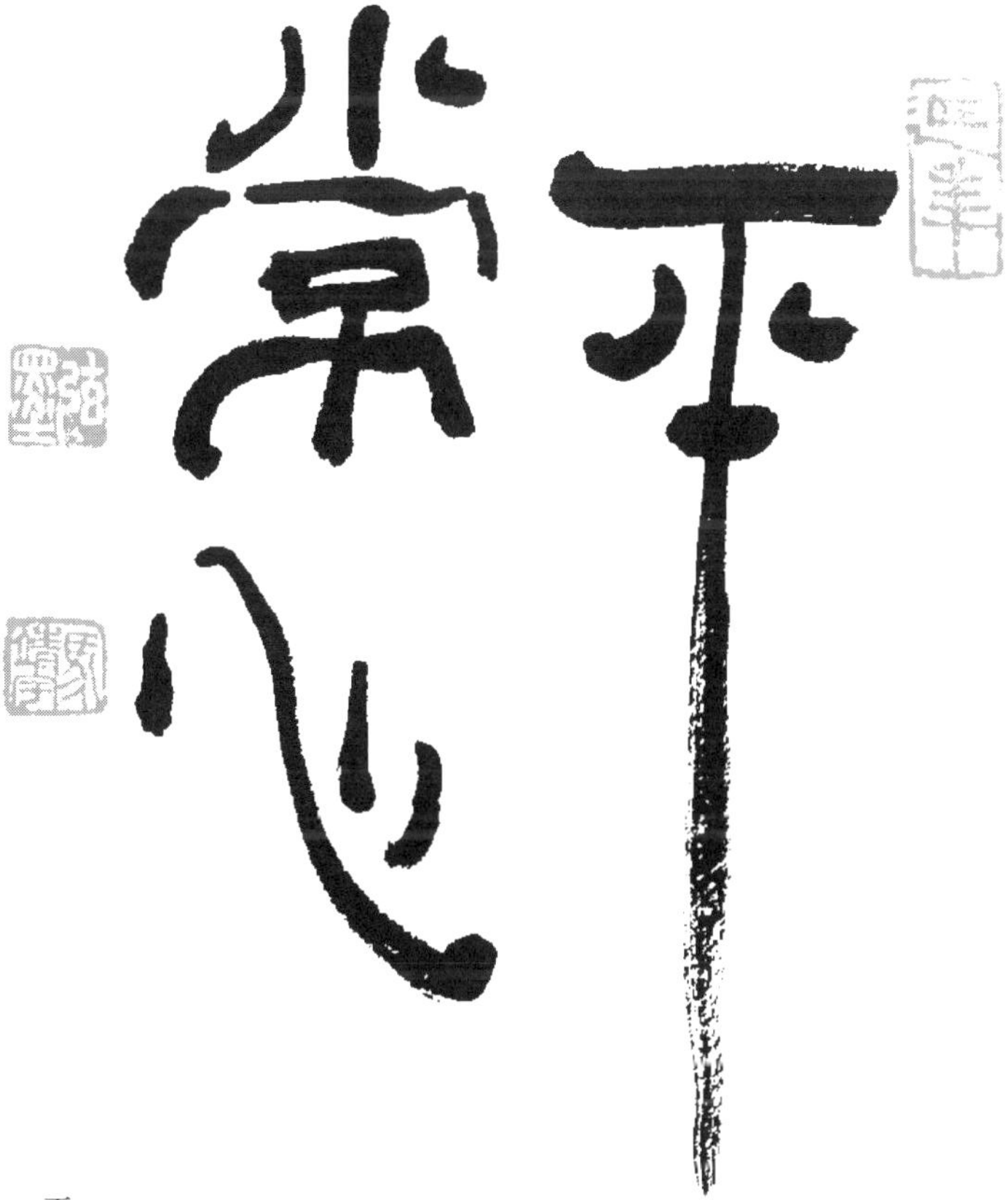

平常心

気沈丹田

意識を丹田に置くことで、心（精神）と体（重心）が安定し、
動きも軽快になる。

丹田とは小腹部のことで、気沈丹田《きちんたんでん》は即ち〝実腹〟を実行する意味を持つ。丹田は中国の伝統内功法では〝気海〟と表現される。〝気沈丹田〟は気の貯蔵庫たる丹田に体中に巡る気を集約することを指し、それは全身を巡る気の運行の核心ということができる。中医的には〝気沈丹田〟は強腎、健脾の作用があるといわれる。

〝気沈丹田〟の方法論は数多くあり、一般的に多く見られるのは〝意守丹田（意識を丹田に集中する）〟、腹式呼吸の運用、丹田内転などである。

〝気沈丹田〟を実現するには次のように展開する。

一、動きに入る前に準備すること

　身法を正して〝腹実胸寛〟（腹を実にして胸を緩める）を求める

二、動作の中で、

　意識で呼吸を導く。

　徐々に腹部臍下に感覚を集中する。

　腹筋の不用な力を使わない。

三、意を以て気を運行するために注意すること

　身体は動くが心は安らかであること。

条件が整えば自然に気は丹田に収まる。
丹田を意識しすぎて他がおろそかにならないように。
呼吸は自然に、意識しすぎないこと。

※注意：姿・形や方法は十分に自然であること。

腹式の深い呼吸は、横隔膜の上下運動によって胸部と腹部の筋の規律的な緊張・弛緩活動によって、少しずつ内気の揺動を形成していく。

これは立禅で練習すると良い。リラックスして意識を集中すると、呼吸運動にともなう呼吸筋の緊張・弛緩に応じて身体の揺れが感じられる。十分に身体が緩んでいれば、身体の揺れとともに丹田に集まった気が若干上下する感覚を得ることができる。気の下降感を感じるときは、筋力に頼らず重心の安定を得られるときである。ただし、練習中に必ず注意すべきは、動作と呼吸の自然な配合である。これには、ゆっくりと時間と回数を重ねる訓練が必要であり、けっして性急に結果を求めてはいけない。また、〝気沈丹田〟は意を用いて運用するべきで、ただ漫然とリラックスしているだけで得られるものではない。

丹田は腹腔内に位置するといわれるが、解剖的には腸以外に特別な臓器はない。人体の質量中心（重心位置）は腰椎彎曲の前あたりといわれるが、この位置は丹田と符合する。丹田に意識を置いて、それが沈むような感覚というのは、自己の重心を意識して沈め安定を得ることと解釈できる。この部分の安定は、精神的な安定と運動的に静から動に移る準備の意味を兼ね備える。

心静用意

雑多な思考を廃して、意識を集中させ、
感覚を鋭敏にする。

太極拳を訓練するときもっとも重要な原則が〝心静用意《しんせいようい》〟であり、これは訓練のすべての課程に一貫して関係する項目である。〝心静用意〟を求めるには、訓練時に精神を集中させ、途切れることなく意識で動作を導き、常に動作の円滑性を向上させるよう求め、個々の動作で形や動きが違っても原則は変わらないように努め、全体のバランスを欠くことなく、一定の規律を保ちたい。

太極拳を練習するときには、動作を開始する前に姿勢を正し、呼吸を自然に整え、意識を丹田に置いて、雑念を払い、一種の無念無想状態（注）にする。

一切の準備が整った後に、全身の緩みを自覚して、心静かに気を合わせ、然る後に動作をはじめる。動き始めてからは、意をもってひとつひとつの動作の正確性、連貫性、円滑性、動きの過程での内部と外形の開合虚実と旋転の変化、それぞれの動きに求められる〝上下相随〟〝内外合一〟等に全神経を集中しなければならない。〝心静用意〟とは意識と感覚を集中する〝準備〟と〝実行対策〟であり、単純な無念無想、無目的ではない。

太極拳の動作は、バランスとアンバランスの境目にある。動きだしの一瞬前は立禅の姿勢に近いが、実際には静的平衡から少しだけバランスを崩した姿勢で、いつ倒れても不思議でない状態でなければいけない。この状態でこそ動作軽霊（注二）

が実現するわけで、〝気沈丹田〟〝心静用意〟は、その微妙な位置や平衡感覚を知覚するための必須項目である。

太極拳においては〝静〟は〝動〟と一対で語られる場合が多く、これは一種の陰陽虚実の表現である。別の一面から見れば、〝静〟は〝騒〟と対を為す。〝心静用意〟の〝静〟は、この一面からの解釈が順当である。つまり、〝心静用意〟は意識をもって身体を運用するために静かに耳を澄ます（感覚を鋭敏にする）。耳を澄ませて感覚を得るのは脳、つまり心である。

※注：無念無想は無知無感ではない。無意識、無自覚でもない。念い・想いはないが知覚・感覚は研ぎ澄ます。意識や感覚を捨ててはいけないし、のめり込んでもいけない。

※注二：22頁参照

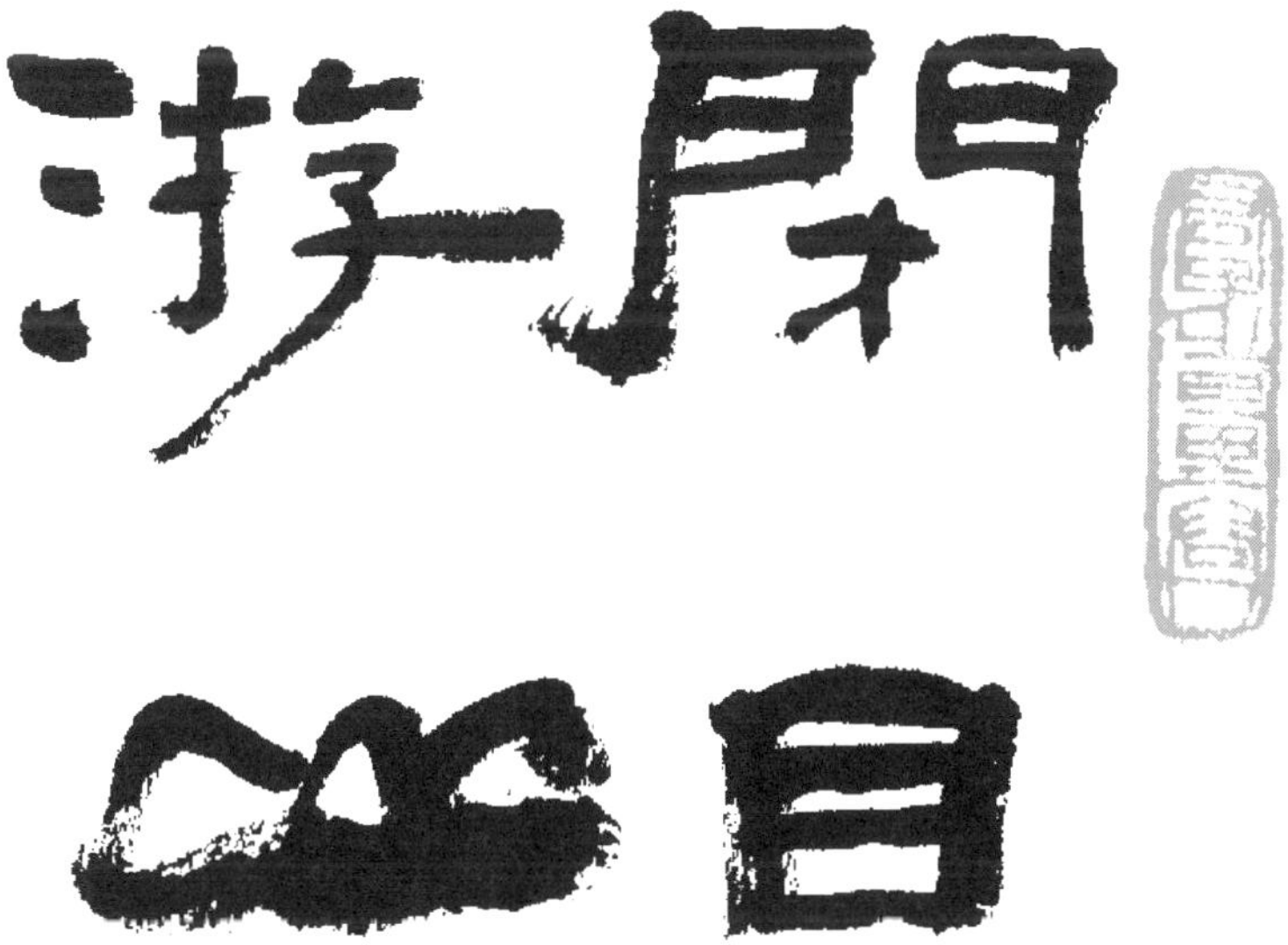

閉目
洊山　洊は「游」の俗字

沈肩垂肘

首から肩の力を抜き、
腕の重さで肘を垂らす。

沈肩《ちんけん》とは、肩を緩め下に垂らすこと。もし肩を垂らすことができなければ、肩先が持ち上がって、これに従って気も上がり、全身の能力を発揮できなくなる。垂肘《すいちゅう》とは、肘を下に緩めて垂らすこと。もし肘が下に垂れなければ、肩は沈むことができず、外家拳の断勁と同じように動作中に勁が途切れる。これでは太極拳の使い方にはならない。沈肩、垂肘ともに肩甲骨が左右に十分開いていること。肩甲骨が十分開かないのは菱形筋の緊張によるもので、これによって肩甲骨を下方に安定させる前鋸筋の作用が十分発揮されなくなる。

上肢の三大関節は肩関節、肘関節、手首関節であるが、太極拳に関わらず上肢の巧みな動きを実現する場合の根本的な要求は、肩関節が無駄な緊張をせず、よく緩んでいることである。

肩関節には腕全体の重量がぶら下がっており、それを動かすために強力な筋群が周囲に配置されている。肩が上がるのは、僧帽筋の上部繊維が緊張するためで、その緊張によって肩関節自身の運動性能が制限され、それは肩から先の肘や手首などの主要関節の動きにも影響する。肩周りの無駄な緊張を解くには、肩から先の腕全体が柳の枝のようにぶら下がっているように意識して力を抜くことである。

垂肘とは、肩関節が緩んで肘が垂れることをいう。典型的な例は、推掌動作の定式時に肘が下に向くこと。このとき肘が横に向くのは、肩関節内旋筋の緊張による作用であり、この緊張は必要ない力だ。肘関節は肩の次に重要な関節であるが、一般的に方向が意識しにくい関節であって、肩と同じように無意識のうちに無駄な力が出やすい。腕を身体の前に出して、肘が曲がる程度の距離で肩と同じぐらいの高さの台に手を置き、肩を緩めて肘を垂らした姿勢と、肘を横に向けて持ち上げたとき（この動きが肩関節の内旋）の違いを感じると、肘の無駄な力が認識できる。

片麻痺などで肩まわりの筋がすべて弛緩すると、肩関節は腕自身の重さを支えることができず脱臼してしまうといわれている。ふつうの状態では、棘上筋という肩関節のインナーマッスルが常に緊張して肩関節から腕を引き上げ、脱臼を防いでいる。だから意識的に力を抜いて腕を垂らしていても、棘上筋を中心とする肩関節周囲の一部は緊張したままである。そして、われわれは日常そのことに気づかない。この緊張は肘が宙に浮いていれば、立っても座ってもかわらない。イスに肘掛けがあるのは、肘を支えて棘上筋の緊張を解くためである。そんな理由からも、肩を緩ませることは思った以上に難しいことが理解できる。ここもゆっくりと時間をかけて緩みを体得していきたい。

山高
水長

身正体鬆

姿勢は正しく、頭部、腹部、
尾閭が一線であれば無駄な緊張はない。

太極拳の身法に要求されるものは、立身中正にしてゆったりと穏やかで、あらゆる方向に対応でき、動作中の外見は中正、博識、厳正、伸びやか、素直といったような表現が当てはまる。逆に、身体各部が散漫で中正を失うような状態は問違いである。前進、後退、左旋、右転のとき、四肢の動作は頭頂から躯幹をとおり会陰まで終始一本の垂直線を形成し、左右の動作軸を使い分けて動く。身正の要求でもっとも緻密さを求められるのは方向転換を含む動作である。たとえ転身動作であっても、左右の軸を適切に使い分け、どの瞬間も静的および動的バランスのとれた動作を良しとする。

〝身正《しんせい》〟と〝体鬆《たいしょう》〟は統合的な環境である。おおよそ前傾、後傾、左右の傾きがあれば、重心のバランスが偏り、姿勢を保つために無駄な力を要する。これらは太極拳をする上での姿勢の要求に符合せず、身法上の欠点といえるものだ。最適な姿勢の要求を満たして、なおかつ姿勢を維持する起立筋群は最小の緊張で済むような状態が、太極拳に求められる。〝身正体鬆〟はまさにこの状態をいう要訣である。

直立姿勢で緩む…身体を支える筋群（起立筋群）が萎えれば立っていられないから、これは人体にとって大きな矛盾といえる。その矛盾を解くには立位の身体力学を読み解くことが肝要である。人体の構造からいえば、起立姿勢の維持に必要な筋群は主に身体の後ろ側にある。正しい姿勢はそれらの筋群が最小の筋力でバランスをとる状態ということができる。悪い姿勢とは、バランスをとるためにどうしても余分な筋力が必要になる姿勢のことであり、身体の前傾や後傾、左右のねじれや傾きが主な要因であることが多い。虚領頂勁、含胸抜背なども根本の姿勢が悪ければ成立することはない。これらの要訣を守るためにも、姿勢を正しく保ち意識で余分な緊張を取り去ることが必要とされる。

起立筋が最小の力で姿勢を維持しているときには、主要関節にかかる体重負荷も最小に維持される。これは〝軽霊〟と評され、動き出しのスムーズさを決める重要なポイントである。

守静
篤

内外相合

精神活動と姿勢・動作は密接な関係にある。

内とは、内臓などの身体内部器官、内在する精神、意念、精、気、血等を指す。外とは、外部の形態・姿勢、動作節奏、幅度等の時空的要素を指す。内と外は互いに関連し、切り離して考えることは片手落ちである。

外は外形・結果であり、内は内容・本質といえるもので、「合」は双方の高度な統一と調整によって成立する。多くの場合、運動の評価は外形だけで行われ、内に含まれる精神その他の要素はその評価項目に表れない。それは内在するものの計量ができないためであり、内在するものを無視してよいわけではない。漫然と動いて、心を込めないのは良くないが、心を込めるだけでは、いくら願っても良い動きにならず、健身効果は高まらない。

具体的には、左記項目を指標としたい。

・動作・技法の理論を真摯に学習する。
・知識を実際の身体動作に結びつけて意識的に動作を導く。
・心を込めてていねいに動作を行う。
・慣れるに従い周囲との調和を図る。
・動作中も環境の変化を肌で感じ、それを愛でる。

相合は三種の基本要件によって成立する。
(1)内外の運動の全体性がひとつに包括される。
(2)内外は互いに通い合い、双方向に交流する。
(3)運動の統一は同方向に向かい、終始動態平衡の中にある。

太極拳理論では、内外相合によって鍛錬の統一性を指す。内とは精、気、神の要素を指し、外は力、骨、手、身、歩等の動作関連要領を指す。

〝内外相合〟の関連項目は〝三尖六合〟の〝六合〟に符合する。これは内と外の要素の調整・配合を指し、〝内三合〟,外三合〟の協調を指す。

内三合とは、

太極拳の訓練要領で内三合といえば、心と意、意と気、気と力の融合による三段階を指す。即ち心と意を合わせ、意と気を合わせ、気と力を合わせる。これは各種拳法に共通する要領で、内三合を達成することでようやく内功の段階に達するといわれている。

心と意を合わせる：思いが意志決定に至る。
意と気を合わせる：意志が神経伝達を促す。
気と力を合わせる：神経が動作を起動する。

外三合とは、
外三合は主に身形を指す要訣で、肩と胯、肘と膝、手と脚を合わせることをいう。これらはすべて完整一気を条件とする。完整一気とはひと息に整うこと、全体が関連して一括で整うことである。外三合は、化勁または発勁をする瞬間に整うべきものので、その瞬間は動作中のいつでも起こり得る。それゆえに、いつでも外三合を整えることができる動作でなければ、太極拳の動きとはいえない。

由鬆入柔

精神・肉体ともに、意識的に緩むことで、
柔は実現する。

鬆《ゆる》むに由《よ》って柔《じゅう》が入《かな》う。

直訳：解放することでしなやかになる。入＝かなう、合致する。

鬆《しょう》：緩い、締まっていない、柔らかい、放す、ほどく、解放する等の意。

太極拳の放鬆《ほうしょう》とは、筋肉や皮膚、骨格の緊張を解くだけに限らず、中枢神経系統や内臓諸器官など全身が同時に緩むことを要求している。達成する方法は多種あるが、大きく分けて三つの要件に集約される。

一、精神の緊張を起こさないこと。

二、腹式呼吸を利用して横隔膜の牽制を最少にすること。

三、筋肉、関節が順番に緊張・弛緩を繰り返すこと。

一と二は治病・保健に大きな効果を発揮する。三は、関節が順番に緊張・弛緩を繰り返すことで、気血の流動が滞らず、末端まで十分な流れが確保でき、人体活性と老廃物除去の強化を促進する。また、緩むことで、皮膚感覚と体性感覚も鋭敏になり、それによって動作の精緻さを増すことができる。

放鬆は、意識を用いて能動的に行う必要があり、自然に任せるような消極的方法でなり得るものではない。訓練では、意識的な緩みを身体の小さな一部分からはじめて徐々に拡大するよう心がける。

達成する方法の筆頭に「精神の緊張を起こさないこと」とあるのは、心が大切であることの証しといえるものであるが、裏返せば筆頭で注意喚起しないと目的を達することができない証しともいえる。

中国古来の導引術や気功の類では「入柔」や「入静」という言葉が頻繁に使われる。どちらも「入」は「合致する」「かなう」の意味である。「柔がかなう」「静がかなう」ための様々な条件の模索を唱えるのは東洋健康法の大きな特徴ともいえる。だからこそ、その道は簡単ではないことも自覚したい。

「心を落ち着ける」とひと言でいうのは簡単。しかし、細やかなコントロールを実現しようと思えばそれなりに心のテンションが必要になるのも事実。自分の太極拳にいつでも陶酔できるだけの自信があれば可能かもしれないが、太極拳の目指すべき本質はリアルタイム制御であって、これはかなり高いレベルの要求だ。自分の動きに陶酔するレベルはそのまた上の段階といえる。ことほどさように、心のゆるみを太極拳動作の中で運用するのは難しい。

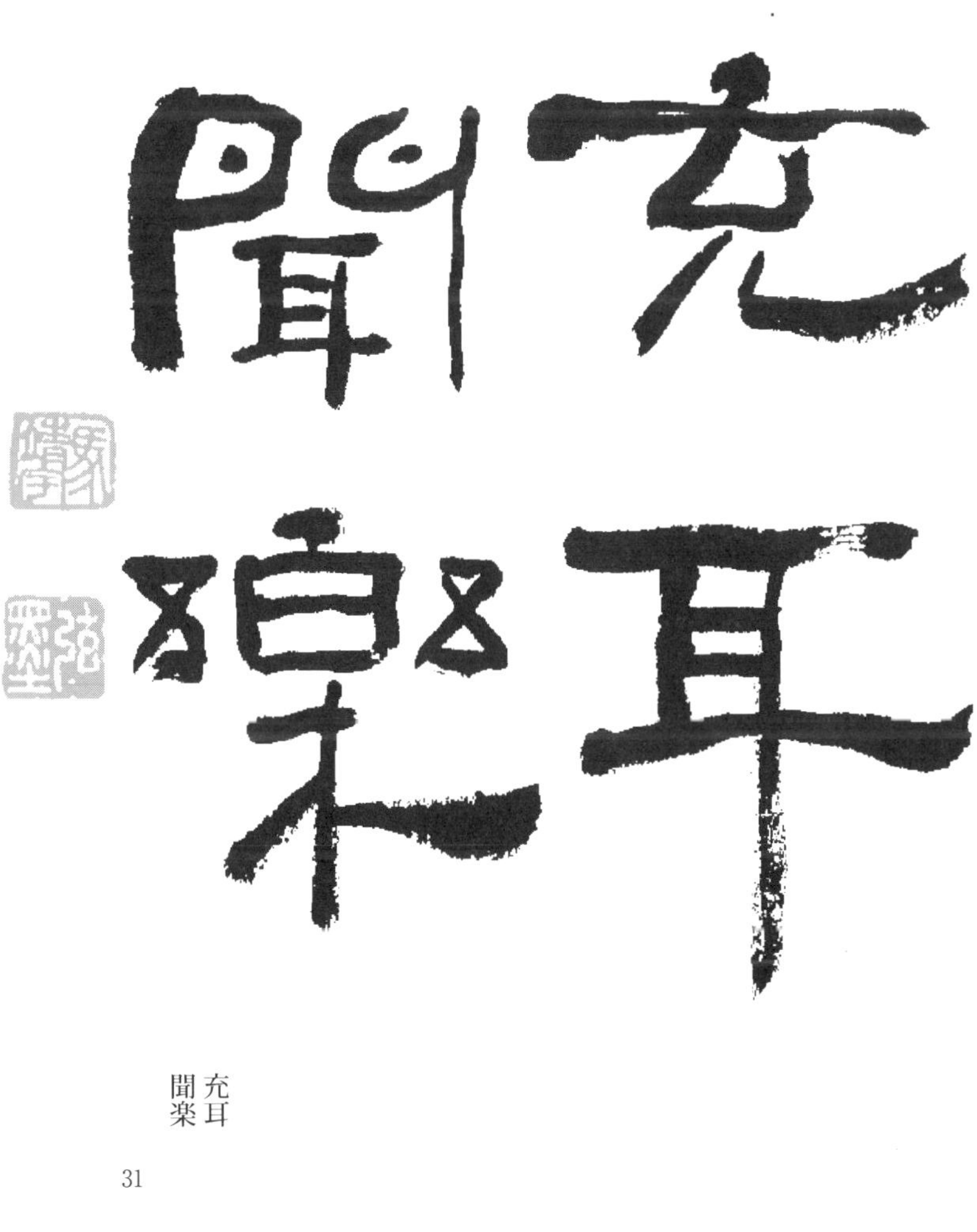

充耳聞楽

上下相随

腰が動きの中心となり、前進は上肢が、
後退は下肢が先導する。

上下相随《じょうげそうずい》とは、動きの中で身体各部の方向性やタイミングが整うことを目指す要訣である。

『太極拳論』の文中に「其根在脚、發於腿、主宰於腰、形於手指（其の根は脚に在り、発するは腿に於《よ》り、主宰は腰に於り、形は手指に於《あ》り。）」とあるが、これが上下相随に内包される要求である。

上下相随の具体的な動きの要求とは、脚と腿、手指の動きのすべてに腰が関与し、動作のタイミングが整うことを指す。手の動き、腰の動き、足の動き、眼神の動きが互いに相関し、速度の差はあっても方向性や位相に差異のない状態。身体各部のほんの少しの部分でも動かないところがあれば、それは則ちバランスを欠く動作である。

太極拳に要求されるのは〝上下相随〟であって〝上下一致〟ではない。〝上下一致〟とは、動く車の上に（動かない）人形が乗っているような状態である。〝上下相随〟はすべての身体パーツが方向性を持って連なり動くことであり、先導するポイントと追随するポイントがあり、場合によっては部位ごとの先導・追随関係が逆転する。動作ストロークの終端、例えば前進動作から後退動作に移る折返し点では、すべての部位が遅滞なく行き着き同時に転換することが肝要である。

上下一致と上下相随の違い

		動き始め	加速	減速	動き終わり
前進	上下一致	同時	同時	同時	同時
	上下相随	同時	上が先	下が先	同時
後退	上下一致	同時	同時	同時	同時
	上下相随	同時	下が先	上が先	同時

太極拳の動作は〝一動全動〟であるから、動作中はすべての身体パーツが停滞せず動く。動きの要素は円運動と往復運動で形成されるが、それぞれのパーツの最適

位置はストロークと転動のタイミングで刻々と変化する。どのタイミングでも、最も自然で力学的に無理のない位置に身体各部を配置するには、若干の加減速で配置バランスを調整することが必要になる。これが上下一致ではなく、上下相随でなければならない理由である。

例えば、後退動作は、後退の瞬間を相手に察知されないために、根節である足から起動し、相手と接していると仮定する手はゆっくりと動き出す。この動作配置は、動きで起動する静脈やリンパのミルキングアクションを、下流の血管・リンパ管が先に拡張準備をして、流れを受容しやすくする効果がある。

弧形螺旋

すべてのパーツが螺旋で繫がり、
動きは円を描く。

太極拳の動作にあらわれる弧形は、意識に導かれた内勁が作る螺旋《らせん》が動きのなかで外見を形作るものであり、見た目や動きへのあらわれ方は極めて変化に富んでいる。大きな螺旋と無数の小さな螺旋が路線上で進退、屈伸、発展、収束することで、外から見える円形の動作を形成する。これらの動きの外形は太極拳動作の大きな特徴である。

内勁運動の主要な特徴は、次の要訣にある〝主宰於腰〟や〝源動要脊〟、〝旋腰転脊〟といわれるように、第八胸椎を軸とする体幹部の縦軸捻転から発することである。勁は体幹部から発し、波が伝わるように節々を貫いて四梢（四肢末端）に達する。

腰部から上に向かう螺旋は、転膀（脇・肩と腕のつけ根の動き）を経て、旋腕（手首の移動・返し）に伝わり、最終的に手指の所作を形成する。

下に向かう螺旋は、骨盤・股関節を経て、転腿（腿の動き）から、膝を抜け旋踝（足首の動き）に伝わり、足指にまで達する。

螺旋は無限に続く複雑な空間で形成されるものである。手の外旋を〝順旋〟といい、意識と勁は先に親指に貫かれ、順次小指まで至る。手の内旋を〝逆旋〟といい、意識と勁は先に小指、順次親指まで達する。順旋、逆旋ともに終始〝掤勁〟を失ってはならない。

筋肉は筋線維の集合体であるが、伸び縮みの方向は骨と関節が作り出す動作ベクトルや骨自身の向きと同じであることはあまりない。また大きな筋肉（強い力を発揮する）ではひとつの筋の中で筋線維が扇状に並ぶものも多い。ほとんどの筋が、付着位置や関節軸機能を使ったテコの原理によるベクトル変換で動作する関係で、骨や動作方向に沿った力にならない。言い換えれば、ヒトの動作はベクトル変換によるる螺旋の繋がりが原則であるともいえる。巧みな動き、効率の良い動きは、その斜め方向の彎曲の自然さ（揃い方と繋がりの巧みさ）で生み出されることが多い。

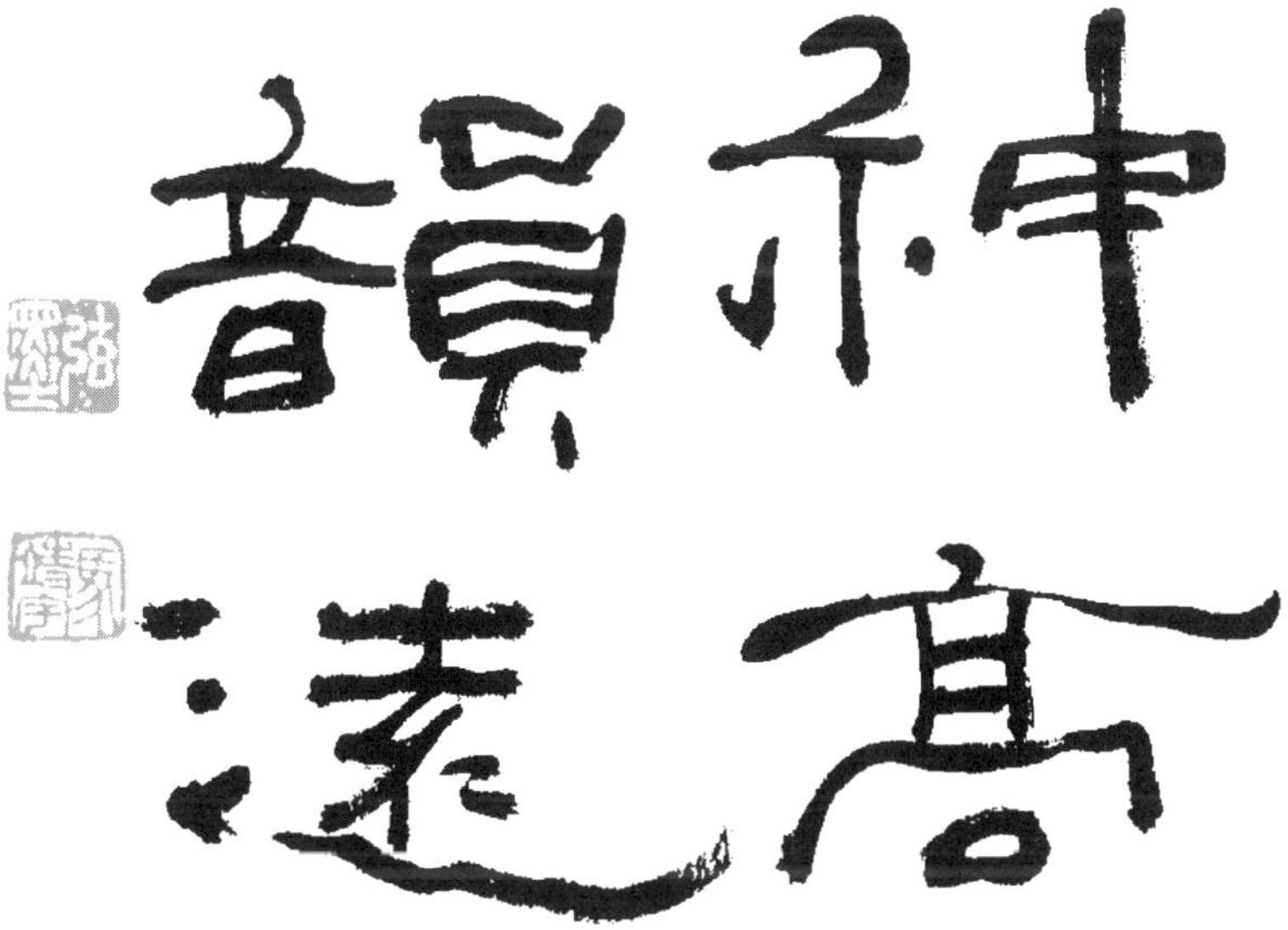

神高韻遠

主宰於腰

すべての動きは腰が中心となる。

主宰於腰は『太極拳論』として知られる文献中に腰において「其根在脚、發於腿、主宰於腰、形於手指」として記載される。『太極拳論』は別名『十三總勢説略』ともいわれるが、伝承により文字数・内容に若干の差が見られる。詳細は本書150頁『十三總勢説略』を参照されたい。

太極拳でいう「腰」は、わが国でふつうに想像される骨盤部とは異なり、ウエスト背部と理解していただきたい。中国風の表現では胸の裏側が背、腹の裏側が腰(次頁図参照)である。

この部位を輪切りにすると、中心は胸椎下端に相当する。第十二胸椎から第一腰椎にかけては胸郭と腹腔の境目で、主要な筋が集まる交点である。ここには背部に広背筋下部、腰方形筋などが、前部には横隔膜背部や腸腰筋の上部が付着し、胴体の中心にあるとはいえ、腕や脚のつけ根と直接繋がっている。

つまり腰は、上半身、下半身を含めて身体の転動運動の要であり、全身の動作変化、重心の安定調整能力、勁力を四肢末端に到達させる等、動きにとってもっとも重要な作用がある。〝太極拳は腰において主宰される〟といわれるのはこの事実によって裏付けることができる。

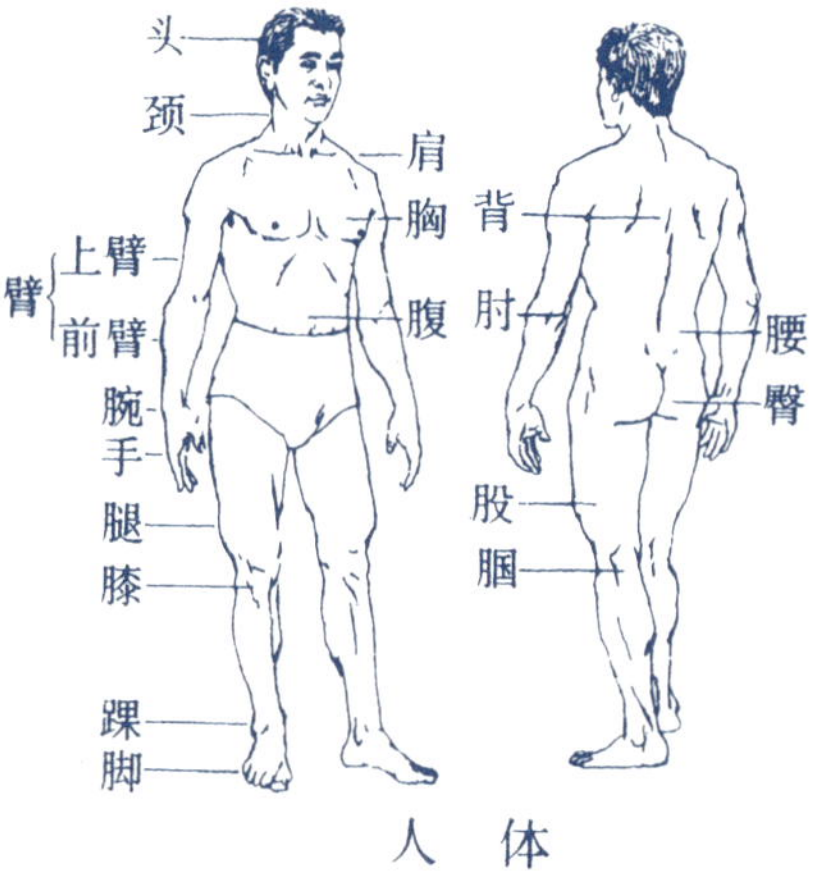

中国の『新華字典』に見る腰

太極拳の腰の要求は〝鬆、沈、直〟である。〝鬆であり沈〟が重要であり、〝気沈丹田〟で十分に腰が沈んでいれば、上体の気も浮き上がらず安定し、下肢は十分に能力を発揮でき、なおかつ動作は軽快である。間違った練習で内凹あるいは外凸の形状にならないよう注意して、腰部が〝直〟（真っ直ぐ）を守るようにする。腰が鬆・沈であって頭頂が引き上げられる状態が〝直〟であり、それが実現できれば、転動の中心軸が彎曲せず傾かず、揺れ動くことなく、内勁が四梢を満遍なく円滑に動作させ、滞るところはない。また〝直〟腰は腹筋の緩みをコントロールして、太極拳動作時の呼吸を深めるのに有利な状況に保つことに繋がる。

中正円転

腕の上下は肩で、左右は腰で、
胴体の回転は股関節で行い円の動きとなる。

中正とは身法の直立性とバランスをあらわす。すなわち、頭頂から会陰まで垂直に揃い、肩と胯がバランスを保って配置されることをいう。

円転は、回転運動の軸中心がぶれないことによって円運動の正確さが担保されることの表現である。太極拳の動きは、正確には円運動でなく螺旋運動である。しかし、ひとつの関節による一軸円運動が正確にできなければ、意識的な螺旋運動の実現はおぼつかない。中正と円転の組み合わせによる体軸中心の自覚は、文字どおり〝運動中心〟を確立することに他ならない。

身法が中正であれば、脊椎周りの筋群は最小の保持力で姿勢を保ち、無駄な力を使うことがない。中正によって腰の旋転は円滑になり、胴体関節から四梢に抜ける転動も軽くスムーズで、これが末端の円運動に繋がっていくことになる。

中正円転を単純な身法の規定と解釈すれば一軸回転である。ただしそれは頭頂から会陰までの直線に当てはまることで、しかも転動角度が過度に大きくならない範囲と限定される。

身法だけでなく歩法との連携となると、三軸のバランスをコントロールしなければならない。歩法は左右両方の踵を軸とした二軸であり、歩法と身法の間での転動の受け渡しは、股関節の二軸と腰椎の一軸の間で行われる。つまり、骨盤は上体の一本軸と下肢の二本軸を繋ぐジョイントとして機能することを理解しておこう。
身法の一軸転動を〝角度が過度に大きくならない範囲〟としたのは、転動が一定の角度以上になると脊椎が左右にたわみ、それによって肋骨の動きが左右均等でなくなり、全体から見て二軸で動いているようになるからである。言い換えれば、しっかりと身法を使えば首から下の動きはすべて二軸、眼法のみが中心の一軸で回転するということである。

身体の主要部分は二軸で動く…といっても身体重心は中正の一軸にあり、重心がそこを外れることはバランスを崩すことである。だから、中正を意識することが重要で、実際には二軸で動くことも含めて正中の重心位置を確実に意識すること、それが中正円転の真意である。

少則得

尾閭中正

骨盤の軸を垂直にして、脊椎の土台を安定させる。

太極拳は端正な身法を重視する。中正とは、端正な姿勢の条件となるバランスや正直性、位置の正確さをあらわす言葉と理解できる。端正な身法の要求について最も大切な基本は、脊椎の土台が水平で安定していることである。その意味において〝尾閭中正〟は骨盤の位置と水平基準を守る要訣といえる。

〝含胸抜背《がんきょうばつはい》〟と〝尾閭中正《びりょちゅうせい》〟は上下に対立しながら互いに平衡を保って存在し、そのバランスが失われると身体が硬直しやすくなり、それによって動きが損なわれる。練習時には、常に意識を丹田に置き、腰部は緩んで垂直に垂れ、尾てい骨はやや前に向く力を持ち、帯脈を自然に充実させることで、下半身に安定した重量感覚を得ることができる。

太極拳でいう身法の〝中正〟とは、静座時の身法が端正であることと一致する。体幹を正直に保持することは、高齢者にとっては特別に重要なことで、上体の前傾、頭部の傾き、腰の曲がり、猫背などは、虚領頂勁《きょれいちょうけい》が失われた老衰的症状と言い換えることができる。

太極拳で尾閭中正を確実に意守する訓練を繰り返すことは、立ったときに上体を保持する基盤となる骨盤姿勢の改善に必要な運動感覚を強化することに繋がる。また、含胸抜背、虚領頂勁などで養われる「脊椎を伸ばして背部の筋群を緩めて垂らす」感覚と方法は、筋力トレーニングのみでは得ることが難しい脊椎周囲の内部深筋の強化と背筋のエキセントリック収縮運動を促進する。これらは高齢化対策としての姿勢維持訓練にはたいへん有効な方法である。

〝尾閭中正〟は身法の正確性を維持するための要訣であり、その実現のために四平（注）中の〝胯平〟を基軸に〝鬆腰〟、〝虚領頂勁〟などを同時に要求する。〝尾閭〟とは一般的に〝川の下流〟という意味を持つ。「第一頸椎から連なる脊椎の流れの末端」ということで尾骨を〝尾閭〟と呼ぶ。虚領頂勁は上に向かう垂直導線で、尾閭中正は下に向かう垂直導線と考えることができ、この二者は同一線上に存在する。胯与膝平、手与肩平はこの垂直線と直交する水平線の表現である。

※注：四平…手平、肩平、胯平、膝平を四平となす。

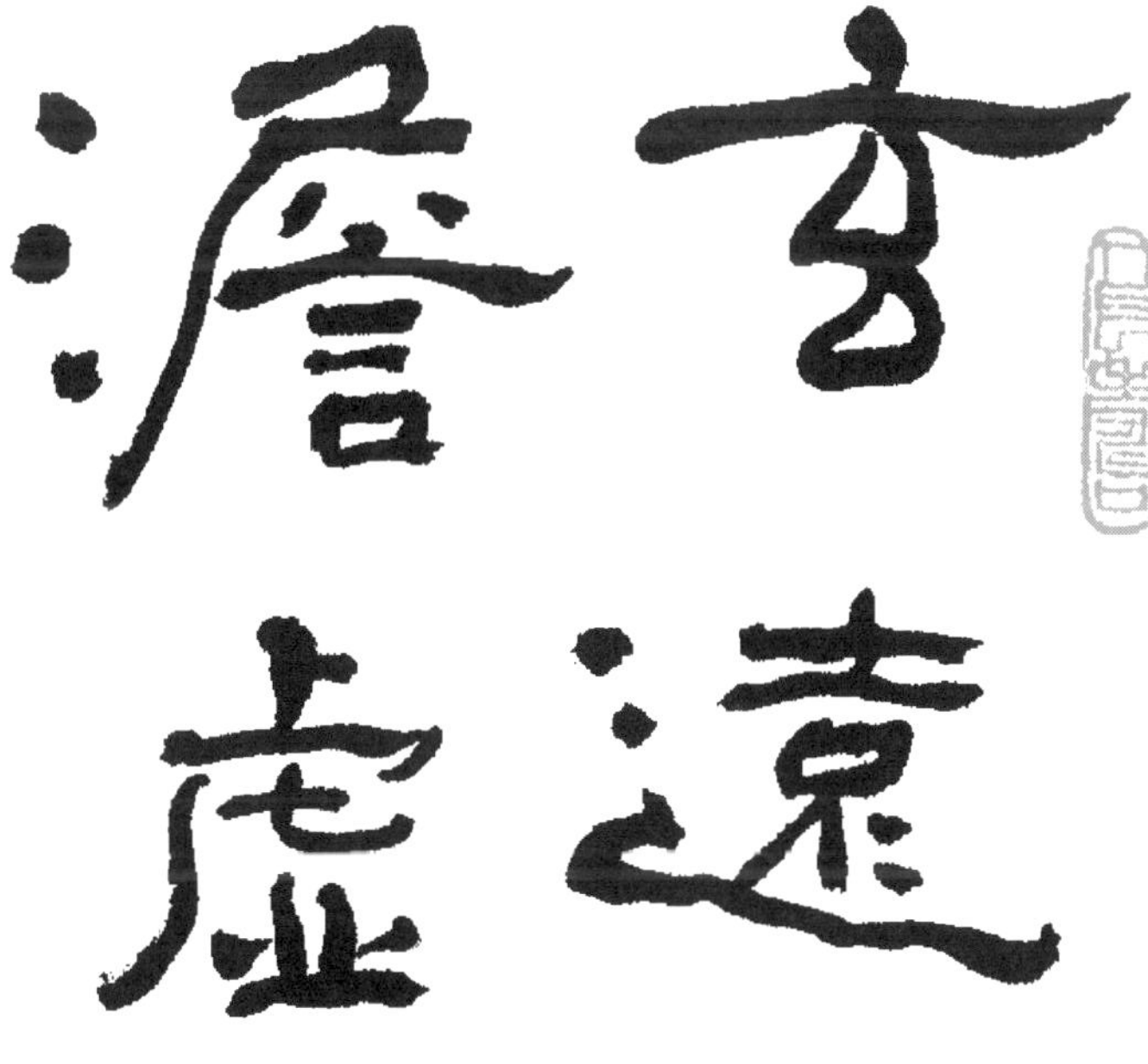

玄遠
澹虚

源動腰脊

すべての動きの源は腰椎にあり、
動きは横隔膜と丹田の間から湧き出る。

太極拳は全身各部のすべてが動き、それぞれの部分に虚実が存在する。それらの虚実の源たる動きは腰にあり、その枢軸は腰脊命門穴《ようせきめいもん》近辺を中心とする。

腰が転ずれば、それによって身体各部分があたかも波のように回転、螺旋の動きを伝達し、その流れは中心から末端へと身体全体に及ぶ。腰から末端に向けての流れはスムーズかつ秩序を保ち、停滞や固有活動による乱れの見られない状態が正しい。その流れ方、伝達スタイルを〝節節貫串《せつせつかんせん》〟と表現する。

腰を起源とする流れは気や勁を運び、動きの形となって外面にあらわれる。腰から全身に伝わり流れる要素は内三合を包括し、外三合の位置関係を形作る。その内三合と外三合が符合すれば、それは〝内外合一〟であり、その中から上肢と下肢の連係を抜き出したものが〝上下相随〟である。

ひとつの形を覚えるとき、まず目に入るのは手や足、つまり末端の動作である。一般的な速度のスポーツであれば、習熟するにつれて運動慣性と筋力配置のバランスがとれて徐々に緩みが拡大する。太極拳は動作が遅いだけに運動慣性に頼ることはできない。だから、動作に慣れても緩みが拡大することはなく、適切な緩みを得るためには筋活動を意識でコントロールするしかない。
ヒトの身体運動は筋力の伝達が基本であり、意識作用もそれに準ずる。しかし太極拳の腰から流れる動きの要素には〝虚〟も含まれる。ヒトの運動に対する意識活動は実のコントロールを主体とする。まずそのことを良く理解し、虚実の流れを意識的に体感しよう。

人体で最も動作範囲の大きな関節は肩関節、次は股関節。これらの関節がよく動くということは、手足は単独で動きやすいということである。また、無意識に手足を動かす力も不用な力である。太極拳は単独で動きやすい四肢の活動を意識的に抑制して、腰の転動を伝達することによって動かす。そのためには無意識に手足が動くことを察知する意識制御が欠かせない。手足の屈伸は静脈とリンパ管のミルキングアクションを助長するが、胴体をよく動かしたときの静脈血とリンパの吸い上げ効果はさらに強力に流れを活性化する。その特性を健康法として最大限利用するには、〝源動腰脊〟の実現が必須である。

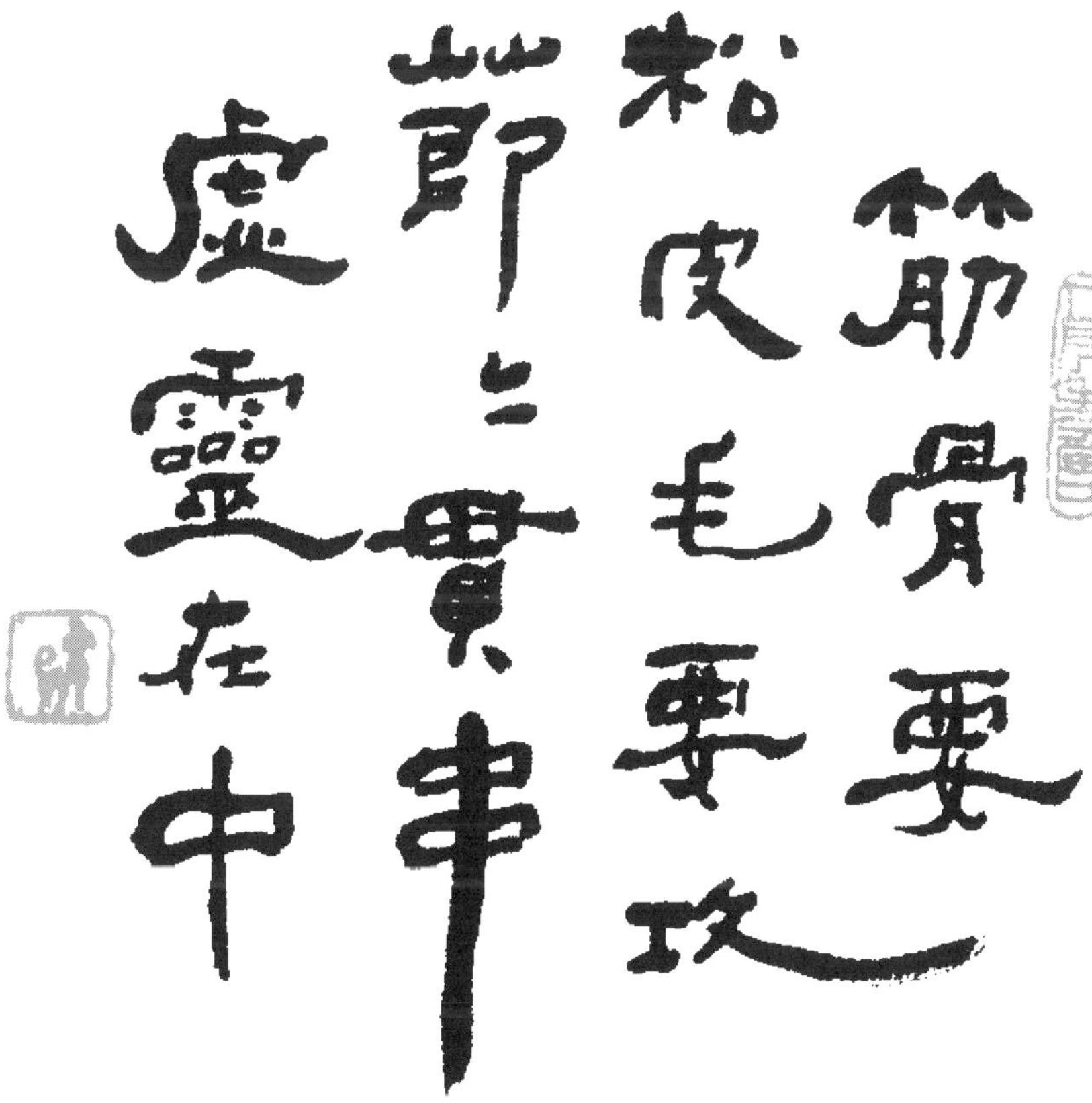

筋骨要
松皮毛要攻
節々貫串
虚霊在中

含胸抜背

胸はゆったりと構え、背中は伸びる。
上半身が内から広がり萎むところなし。

含胸《がんきょう》とは、胸を少し内に蓄えることをいい、胸の容積に余裕を持った姿勢を良しとする。胸は前に突き出さない。胸を突き出すと、気が胸の中で上がり、上が重く下は軽く、足（かかと）が浮きやすくなる。それ故、含胸には重心を沈める効用もあり、同じ作用を持つ気沈丹田とは密接で、互いに補強し合う関係にある。

抜背《ばつはい》とは、古典的には〝気を背に貼る〟ことと説明される。気を背に貼ること＝背を充実させることと解釈したい。充実とは、背が伸びやかで収縮がないこと、無意味な張りや収縮、傾きがないことである。含胸、抜背ともに広がりを保つ方向であるから、含胸がうまくできれば自然に抜背となる。古典では「抜背であれば則ち力は脊椎によって発せられ、向かうところ敵なし」といわれる。

胸部の姿勢は挺胸《ていきょう》（胸を突き出す）、凹胸《おうきょう》（胸をへこます）、含胸の三種である。太極拳は腹式による深い呼吸を特徴とするが、これは胸部の姿勢に含胸を採用することで、呼吸の頻度を増加させることなく深い呼吸が可能になり、これによって運動中に息が切れる状態を減らしている。それと比較すれば、挺胸姿勢は運動の性格として胸式呼吸になり、太極拳の目指す呼吸とは相反するものである。

含胸は、凹胸のような緊張的内収ではない。凹胸は丸背を形成しやすく、胸腔を縮小させて横隔膜の活動を縮小させ、呼吸と血液の環流を悪化させやすい。胸部の過緊張は心血管疾病患者には不利であり、太極拳の姿勢は含胸によって〝腹実胸寛（腹を実にして胸を広げる姿勢）〟を保持することが重要である。

含胸は健身に重要な作用がある。それは肩鎖関節の緩みに起因するもので、含胸によって両肩が若干前に向き脇に含みがある姿勢で動作することで肩鎖関節が十分に緩み、それによって胸腔の上下長が保たれ、横隔膜の上下動作範囲を拡大する。これは呼吸活動を増強するとともに重心の沈下安定にも寄与する。

含胸は無意識で動作に任せるのではなく意識的に形成するものである。動作中に胸部姿勢の適切な意識を持つことによって、胸部は平正、不凹、不凸を保つことができ、自然に横隔膜による深い呼吸を形成する。同時に、十分なストロークを持った横隔膜の緊張、収縮によって、腹腔と肝臓に腹圧運動を与え、臓器の血流を帮助促進する。

含胸と抜背は密接な関係にあり、含胸が良好であれば抜背も良好になりやすい。抜背の姿勢では、含胸の状態で背部の筋肉が緩んで下に沈み、両肩の中央にある胸椎上部から頸椎が上に向かう。このとき首は少しだけ後ろ上方に向かうが、単純に首を後ろに引くことではない。

抜背は腰背部の筋群を偏りなく使うための方法論であり、姿勢の傾きによる陰陽虚実の偏向を防止し、四肢の活動と躯幹の連係を密接に保ち、それは最終的に重心の安定を得ることに関与する。また、抜背を的確に意識することによって脊椎周囲の筋力と筋弾性を強化することもでき、体重支持能力、腰が主宰する全身運動性能、姿勢維持能力からくる動作の正確性などを向上させることができる。

脊貫四梢

動きは腰から発し、関節を貫くように流れ、
末端に伝わる。

脊貫《せきかん》四《し》梢《しょう》（四梢は脊から貫かれる）〝脊《せき》〟は〝脊髄《せきずい》〟と〝脊椎《せきつい》〟の両方の意味を持つ。

〝脊髄〟は中枢神経の一部で、脳から発せられる神経活動の伝達経路である。脊髄から所々を貫いて末梢に流れるのは動きの指示を含めた脳から末端への神経伝達である。

〝脊椎〟は人体骨格の中心にある柱であり、その中心部（第十二胸椎あたり）は四肢の動作筋の末端が交わり、全身の運動に関与する中枢でもある。第十二胸椎から下の椎体は体幹動作の根幹部分で、椎体自体の運動量は小さいが全身のバランスに大きく関与する。

日常の生活動作では、手足の動きを無意識で躯幹が支え、バランスをとっている。つまり、日常の生活動作では、胴体は黒衣に徹し、その動きが表に出ることはほとんどない。

私たちが日常の手を動かすときは、動きの原動力が肩関節周囲の筋から発せられる。それに対して、太極拳の動作は手足を胴体の延長として動かす。〝太極拳は腰脊の動きが元になる〟といわれる所以はここにある。

手の動きはあらゆる身体部位で最も軽快・巧みで、形の変化も多く、さらには自分の意のままに動く部位でもある。それは太極拳の学習にも当てはまり、はじめの頃最も習得しやすいのは手の所作である。それに比べれば、足の動かしやすさは確実に手に劣るが、他の部位、例えば胴体などと比べれば遙かに意のままに動く。このような理由から（太極拳のみに限定されるわけではないが）日常慣れない動きを覚えるときには、手足を動かすことで満足してしまう場合が多い。脊貫四梢は、この間違いを防止する要訣でもある。

日常動作では〝主役は手、躯幹は黒衣〟であるが、太極拳では動作の主体は躯幹にあり、手はその流れの伝達部分の末端で、どちらかといえば従属的な部位といえる。流れを伝える媒体として考えた場合は、流れの上流に躯幹、手は下流となり、両者は繋がりを持った対等の関係といえる。躯幹の中心が〝脊〟である。〝貫〟は連なる、流れると解釈できる。その流れは、上流から下流へひとつの物体が流れていくことを連想してはいけない。上流を水が流れているその瞬間、下流でも水は流れている。つまり、川の水はそれ全体が連なり流れて動く。龍の胴体が長いのと同じで、頭が進んでいるときには尻尾も進んでいる。

此如水

虚領頂勁

頭はてっぺんから上に伸び、首・背中を引き上げる。

頂勁《ちょうけい》とは頭部が正直で、精神も意識で頭頂を貫くようにすること。ただし、力があると項（うなじ）が強ばり気血の流れが阻害されるから、首や肩の力を用いない。須く虚領《きょれい》で自然であること。虚領頂勁でなければ精神の能力が高揚することはない。

虚領《きょれい》頂勁に深く関わるのは頭部、この部位を細分化すると頭、頂、項の三項目に分かれる。

「頭」＝顔を含め首から上の頭全体。

虚領頂勁を守ることは頭部の正確な動作に繋がり、それによって疾病を予防し健康を維持するための動きを帮助する。同時に、頭は動作中全身の指導的役割を果たす部位である。もし身法・姿勢を正す必要があれば、それは頭部からはじめなければ正しい身法・姿勢には行き着かない。

練習時に、頭は正直に、低く垂れず、上を仰がず、左右に傾かず、動きは正しく自然に、頭を揺らさないように注意する。立禅のとき、または動作時に、頭の上に水を満たしたお椀を軽々と置いているように意識すると、頭部の俯仰・傾斜を防止することができる。全身の動作を軽々と行うためにも頭部の姿勢は重要である。

「頂」＝頭の頂、百会。

〝虚領頂勁〟すなわち〝頂頭懸《ちょうとうけん》〟は太極拳では特別に強調される項目である。頂勁の要求は、頭頂の百会穴が一条の紐で上から引き上げられるような印象の感覚で、それによって百会穴から会陰穴まで垂直の一線を保持することができる。これらの要求は、頭部を自然に垂直に保ち、前俯后傾、左右傾斜を防止する効果の他に、中枢神経系の調節と全身の感覚受容器の機能・活動を促し、バランス能力の向上にも寄与する。

「項」＝うなじ、襟首。

項は端正に立ち、しかも硬直せず緩んでいることを要する。力を使い過ぎたり、ただ緩んで萎えるのではなく、左右への転動が滑らかで面容が温和で正常な自然姿勢を良とする。運動生理学的には、項部筋の活動には一定の反射作用がある。身体動作は大脳の支配下にあるが、反射は大脳が関与しない、無意識動作だ。例えば、頭部が上を仰ぐことで、頭部の重量により腹筋が緊張する。逆に、頭が下に向くと背筋が緊張する。側転は同側の筋群が緊張する…等々。このように、項の正直は不用な緊張や反射を抑制し、筋の無駄遣いを防ぐことに直結する。

至虚極

三尖六合

手先、足先、鼻先を目標に向け、
四肢関節の配置と意識活動はバランスする。

三尖とは、手先、足先、鼻先のこと。

動作の定式時には、手先と足先は上下または左右に相対応する。大部分の動作で、鼻先と手先はそろい、手先、足先、鼻先は同じ目標に向かう。

三尖は〝姿態〟の表現だが、ここでいう三者（手先、足先、鼻先）の向く方向が揃う（三次元空間のそれぞれの位置で向く方向がそろう）ことで、三者が前後や上下の一線上にそろうことではない。

六合は外三合、内三合を合わせたもの。

内三合：精・気・神の三要素

　　または　心と意を合わせ、意と気を合わせ、気と力を合わせる。

外三合：主に身形を指し、肩と胯、肘と膝、手と脚を合わせる。

内三合

「精・気・神」

精：エキス、エッセンスのこと。

気：流れ動くもの、人体の原動力。

神：身体の外にあらわれるもの、顔つき、表情、姿形。精神活動や動作のもととなるエッセンスの流れが体中を流れ、それが表情や姿形になってあらわれるさま。意識が神経活動を引き起こし、目に見える動きや表情になってあらわれること。

「心と意を合わせ、意と気を合わせ、気と力を合わせる」

内三合の心とは精神のことで、思考の大元のこと。意は意識。動作の要求や目標としての意識を精神が創出すること（心と意の合）を一とする。気とは流れのこと。中枢が動きの意識を持つことで中枢から末梢に向けて信号の流れが伝わる。この流れ（意と気の合）を二とする。神経の伝達が末梢に伝わることではじめて動きとして筋発動がなされる。これ（気と力の合）を三とする。

外三合

外三合は主に身形を指す要訣で、肩と胯、肘と膝、手と脚を合わせることをいう。これらはすべて完整一気を条件とする。完整一気とはひと息に整うこと、全体が関連して一括で整うことである。外三合は、化勁または発勁をする瞬間に整うべきものので、その瞬間は動作中のいつでも起こり得る。それゆえに、いつでも外三合を整えることができる動作でなければ、太極拳の動きとはいえない。

〝六合〟を手、肘、肩、足、膝、股の六節をバランスさせることと解釈する場合もある。

呼吸自然

動作を意識し、呼吸は自然に任せる。

太極拳動作中の呼吸は、人体生理活動の規律をもとに、自然で淀みなく、温和従順であることが原則であり、強制的な呼吸や無理なテンポの呼吸にすることは好ましくない。

太極拳を習熟することで可能となる深く長い腹式呼吸は、伝統的な〝吐納術〟〝導引術〟に由来するもので、これは近来出現した〝気功療法〟の呼吸法と同じ起源である。ただし、用法においては両者に差がある。太極拳は〝動中求静〟が要求され、動作は形や用法が多く複雑であり、初学時には姿勢と動作の正確さを優先して把握し、呼吸は動作に連関して自然に任せるべきである。その段階では、ただ〝存想腹部〟（注）のみで動作の習熟を待ち、熟練したのちに、腹式の深い呼吸と動作の融合を再調整することが正しい段階である。

かたや、気功療法では〝静中求動〟が要求され、姿勢・動作は単純で比較的容易に把握習熟ができ、はじめから〝調息〟を重視することが可能である。その他、気功の深呼吸と太極拳の深呼吸では、時間の上で大きな違いがある。気功の呼吸は一呼一吸で一分以上長くすることもできるが、太極拳の呼吸は拳勢的要求に適応する必要があり、呼吸だけいたずらに長くするのは間違いである。

太極拳と外家拳術の呼吸を比較すると、太極拳の呼吸のほうが長く、気功の呼吸と比べると、太極拳の呼吸の方が短い。太極拳の呼吸は神経調節の機能、内臓へのマッサージ、血流促進、新陳代謝促進に加えて、呼吸力の強化調整能力を持ち、動作と呼吸の自然協調を促進して、習熟すれば〝形神合一〟を実現するところまで高めることができる。

口呼吸と鼻呼吸

太極拳の呼吸は、吸うときも吐くときも鼻でするのが原則。気功では〝鼻で吸い口で吐く〟といわれることもある。どちらが正しい…というより方法の問題である。まず、呼吸の基本は吸気・呼気ともに鼻で行う。鼻腔はフィルターの機能を持ち、吸気には異物の除去と同時に湿気と温度を加え、呼気によって鼻腔粘膜に湿気と体温を戻している。吸気で取り込まれる病原菌の七割が鼻腔粘膜で吸着処理されることを考えれば鼻呼吸の意味が理解できるだろう。

口呼吸の利点は、息を吐くときに口をすぼめて〝吐圧をかけた排気〟が可能なところにある。これによって肺胞の換気量が増し、激しい運動の直後などに回復を促すことができる。

　スムーズな呼吸のコツは、音を立てない呼吸をすること。ひとに聞こえるような呼吸音がするのは気流の流れのどこかに渦があるためだ。渦の前や後ろには必ず気流の澱みができる。水の流れと同様に澱みには異物がたまり、病原菌も付着しやすい。

※注：存想腹部…お腹に意識を置くこと。

速度均匀

速度は平均していてむらがないように。

ゆっくり動くことは太極拳の大きな特徴である。そのスピードはほとんどの場合ひとの日常動作より大幅に遅く、人体が自然になし得る動作速度とはいえない。よって、太極拳をしているあいだは、常にゆっくり動くように意識でコントロールしなければならない。〝速度均匀《きんいん》〟は速度を均しく…ではなく、動作中はどの動作もゆっくり動く意識を均等に保ち、途切れないようにすることである。

ふだんの生活動作より緩慢な動作は、それに慣れないうちは無意識のうちにふつうの生活動作の速度に戻る一瞬ができやすい。それを防ぐためには、ゆっくり動くように常に意識を保つことである。速度が均しくなくなる理由は生活動作のスピードに戻ってしまったり、止まってしまうことと心得たい。

実際に、すべての身体部位で速度が均一であることはあり得ない。速度を平均させるように意識することと、定速で動くことはイコールではない。そのことを理解した上で、上級者には技法上相手に察知されない程度の加減速をプラスさせることが求められる。

太極拳の動作は緩慢であるが、これは一種の温和な表現であり、攻撃的でも軟弱でもない中正的な印象を与えるものである。このとき、筋肉と関節は特定の角度を固持することなく、極端な伸びや曲げのない中定的な、それでいて一点に定まらない角度を用いながら、一定の規律を持った動きを作り出す。これによって得られるのは、骨格の支持力、筋肉の弾性としなやかさ、そして筋強度と耐久力の増強である。それらは、多くの生活動作で身体平衡機能と安定保持能力の活性化を促進する。

相手に触れている部分（手法）が速度均匀の主要訓練部位である。また、手法が円運動であれば、それにともなって移動する重心の運動は速度均匀ではなく終始加速度運動になる。

水滴
石穿

分清虚実

片足が実となり軸ができる。虚と実があり、
真ん中で回転しない。

「太極拳は、分虚実をもって第一の要義と為す」ともいわれる。太極拳をするにあたって虚実の理解はそれだけ重要な項目といえる。

ひとくちに虚実といっても、様々な要素が関与する。そのなかでも原則を知るためにまず最初に意識すべきは両足間の虚実である。なぜならば、他の部位の虚実に比べてもっとも単純明快であるからだ。

両足の虚実解説を古典は「全身が右足に乗れば則ち右足が実で左足は虚、全身が左足に乗れば則ち左足が実で右足は虚。虚実を能く分け、しかる後に転動は軽やかで、少しも力を費やさず。虚実を能く分けること能わざれば、則ち行く足は重く滞り、立つ足は安定せず、而してひとの牽動に易しやすし」と説明する。

虚実は両足間に留まらず全身くまなく関与する。虚実を意念上でいえば、例えば、意念を集中している手が右手とすれば、即ち右手が実で左手は虚。これを両手の分清虚実という。さらには、実中有虚、虚中有実の要求もあり、虚の手は虚の中に実を有し、実の手は実の中に虚を有するように、分清虚実自身の中にさらに分清虚実が存在する。例えば、前に出る手は実であるが、前に向かうひとつの面が実で、反対の面は虚であり、これは〝実中有虚〟である。

具体的には、〝拳〟を握って前に押し出すとき、この手は実であるが、屈筋で握り込んでいれば〝拳〟の内側は実、外側は虚である。ただしこれは太極拳の握り方ではない。太極拳の〝拳〟は伸筋優位であり、四指を開こうとする力を親指で止める、外（伸筋の作用側）が実、内（屈筋の作用側）が虚となる。このように力の作用側は実となり、対面は緩んで伸び、虚である。

これらは関節運動の主動筋と拮抗筋の作用であり、主動筋の緊張が実、拮抗筋の緩みが虚である。虚実が明らかになれば主動筋の筋力が無駄なく発揮でき、関節運動の有効性が高まる。


入門のレベルでは、歩法の虚実をはっきりとすることが重要であり、訓練を積み重ねて十分習熟した後、技を着実に進歩させるために、虚の足と実の足との比率を少しずつ小さくする作業を積み重ね、例えば、虚実がはっきり分かれた状態は十対零、それが八対二になり、七対三からさらに六対四となるように訓練を積み重ねる。これは、虚実の変化が小さくなっても虚実の存在が知覚できるようにすること。これを「虚実の機微を知る」という。比率を小さくするといっても、九対一が劣って六対四が良いというわけではなく、状況の把握能力を知るための訓練である。ちなみに、比率五対五の歩法は中定であり、ここでは転動しない。

分清虚実の要点は、入門では虚実をはっきり分けること。そして、熟練後は虚実の機微を知ることにある。

胯与膝平

左右の股関節、左右の膝をそれぞれ水平に保つ。

もとの意味は胯と膝の高さを一致させること。由来は南拳、長拳等の外家拳種で、代表的な動作は〝四平大馬〟。

太極拳では股関節と膝の高さを一致させることではなく、骨盤の水平維持と膝の内向を防ぐ目的の要訣。

下肢の主要関節は股関節、膝関節、足関節（足首の関節）の三カ所である。足関節は別にして、膝関節と股関節は左右の上下差が上体姿勢に直接影響を与える。〝尾閭中正〟は股関節の水平を正す要訣でもあるが、それを基準として膝の水平をチェックするのが〝胯与膝平《こよしつへい》〟と考えられる。それは、馬歩だけでなく弓歩、虚歩にも当てはまる。弓歩や虚歩で片膝が低くなる姿勢は狭襠の一種といえる。これは膝の故障を招く不良姿勢である。

太極拳は、動作のはじめに股関節が緩み開くことを要求する。股関節を緩み開くことで、腰と腿の動作は円滑で調和が容易となる。円襠で股関節が開いて緩み下がることで、恥骨結合と座骨結節の結合部軟組織が解放され、それによって両股関節の運動幅度も拡大し、関節運動が円滑になり腿部の運動性が向上する。それによって、腿部の内勁が上昇して腰脊に到達しやすくなる。これは股関節を開くことによる作用である。ただし、歩幅が大き過ぎるか、あるいは股関節と膝が水平になるほど姿勢を低くすると、〝揺襠《ようとう》〟の欠点が露呈する。これは大腿筋の伸びすぎによって筋力が低下することと、大腿部が膝の上に乗らないためにトラス構造の基盤が成り立たないことによる。これらが複合することにより脚部の伸縮力が低下し、不用な揺れに気づかない〝揺襠〟に陥る。〝揺襠〟は膝を痛める大きな要因である。

大腿部の筋がその筋力をもっとも効率よく発揮するのは膝関節が四十五度に屈曲したときであることを理解しよう。馬歩や弓歩でも、膝が四十五度程度の曲がりになる形を初心者の段階から覚えておけば、筋の活性と関節の安全性を兼ね備えた套路を実現する基盤となる。曲げを大きく（姿勢を低く）すれば筋力トレーニングにはなるが、関節負荷が倍増する反面、筋コントロール不良による安定性劣化も招く。これが〝揺襠〟や〝偏襠〟といわれる不良姿勢の原因である。〝胯与膝平〟は姿勢の正直性を担保する要訣であるが、これらの危険を回避する重要な要訣でもある。

多則惑

動中求静

変化が見えなければ、動は静と同じ。

比べるものとの変化が見てわからないほど小さければ、動いているものでも止まっているように見える。その状態にあれば「動は限りなく静に近い」ということができる。逆に、動いているものでも、比較するものがもっと活発に動いていれば、比較される方はあたかも止まっているように見える。これが、他との比較論としての動と静。

身体は動いていても心は平穏・安静を維持する状態のときもあれば、じっとしていながら心は様々な思考が渦巻いている状態のときもある。これは、自己の精神と肉体の関係から来る内面的な動と静。

〝動中求静《どうちゅうきゅうせい》〟はこのどちらも包括する要訣である。

武術はいわゆる情報収集と分析能力があってこそ存在する。ただの力頼みであれば、それは稚拙な暴力にすぎない。必要なものはまわりの情報たる〝知〟（知覚）を得るために他（周囲）と比較して〝静〟であることと、内面の判断力を発揮するための〝平静〟。

外家拳術は跳躍能力や腕力など持てる力を尽くす。だから、練習後息が切れるのはあたりまえ。かたや太極拳は静をもって動を御するため、動であってもなおかつ静のようである。ゆえに訓練は遅さを求める。遅く動けること即ち呼吸が深く長くなることであり、気が丹田に沈み、自らの動作で血圧が上昇する危険も少ない。ただし、自分の実力以上に遅くして動きが止まってしまうのは間違いであり、身体にも良くない。学ぶものはこのことを良く心得ることで、その意の多くを得ることができる。

太極拳は外家拳術のように強い力を使わない。それは停滞を嫌うからでもある。持てる力を尽くすことが悪いわけではない。しかし、強い力を使った場合、その力が尽きた瞬間には次の力は生成されない。太極拳は例え瞬間であっても空白の生成を嫌う。動いている間、すべての時間が静であっても動が尽きることはなく、力が尽きることもないのが太極拳である。だから、いつの瞬間であっても〝発〟することができる。静をもって動を御する、力を使っていないからといって、テキトーに動いているわけではない。いつでも自分のもてる力を有効に使うべく、細心の注意を払って身体を制御するから太極拳といえる。だから「用意(細心の注意をはらう)」であり「不用力(静をもって動を御する)」である。この「いつでも自分のもてる力を有効に使える」状態が重要である。なぜならば、それが実現できることは、動作と身体アライメントの整合性が合致したことになるからであり、その状態は血流増進、筋と関節の活性、神経刺激などの健康増進項目も最良の状態になる。

眼随手転

視線が行く方向に定まり、全身の動作が連なる。
（眼に随い手は転ずる）
（眼は手の転ずるに随う）

眼法の要は、主要な手の動作をともない、視線が行く方向に向き、平視することである。

太極拳動作のきっかけとは、意識の指導下に、首を先頭にして内勁をあらかじめ定められた方向に向ける準備をすることである。そのために、眼神《がんしん》（めつき・まなざし）が先にさだめられた方向に向かい、すなわち視線がその方向に向いて、然る後身法、手法、歩法が遅滞なく続く。この動作の連なりが、言うところの〝日が転ずれば即ち全身すべてが動く〟である。これによって〝はじめに意が動き、次いで内勁が動き、然る後、形が動く〟といった精緻な鍛錬方法が達成される。

視線は首全体を動かすきっかけとなり、首の転動は肩や肋骨を動かすきっかけとなる。この連携を練ることにより、意が到り、眼が到り、身が到り、手が到り、歩が到るという、全身に連なり流れる勁が生ずる。これが節節貫串である。

眼にあらわれる意識の表現を〝眼神〟という。意思の表れが動であればすべてが一斉に動を備え、到であればすべてが一斉に到る。これがいわゆる〝形神合一〟が達成された状態である（〝形神合一〟も太極拳訓練の目標とすべき精神的標語のひとつ）。

〝目は心をあらわす〟といわれる。動きに精神が貫かれているか、精神が動きをリードしているか等々、精緻な動きを実現するために、精神（意識）の使い方が眼神に現れる。〝眼随手転〟は、無駄のない精緻な動作によって太極拳の特徴を発揮し、健康的な動きを加速する要因を作出する要訣である。

眼球を動かすのは眼筋。この筋、ヒトの筋肉では最速の動作を誇る。しかし、ゆっくりした動きは苦手なのも特徴のひとつ。そのせいで、私たちの目は、ゆっくり動く目標物を追うことはできても、単体でゆっくり動くことは不得意きわまりない。眼神と動作の統合に慣れないうちは〝眼は手の転ずるに随《したが》う〟でスムーズな転動を培い、眼神と動作の虚実を身に付ければ〝眼に随い手は転ずる〟高度な精神環境ができあがる。

眼と手の関係は〝一致〟ではなく若干のズレを含む〝相随〟である。同種の要訣に〝手随足転〟〝足随手転〟〝膀随腕転〟〝腕随膀転〟等も存在するが、これらも〝上下相随〟の要素を含んでいる。

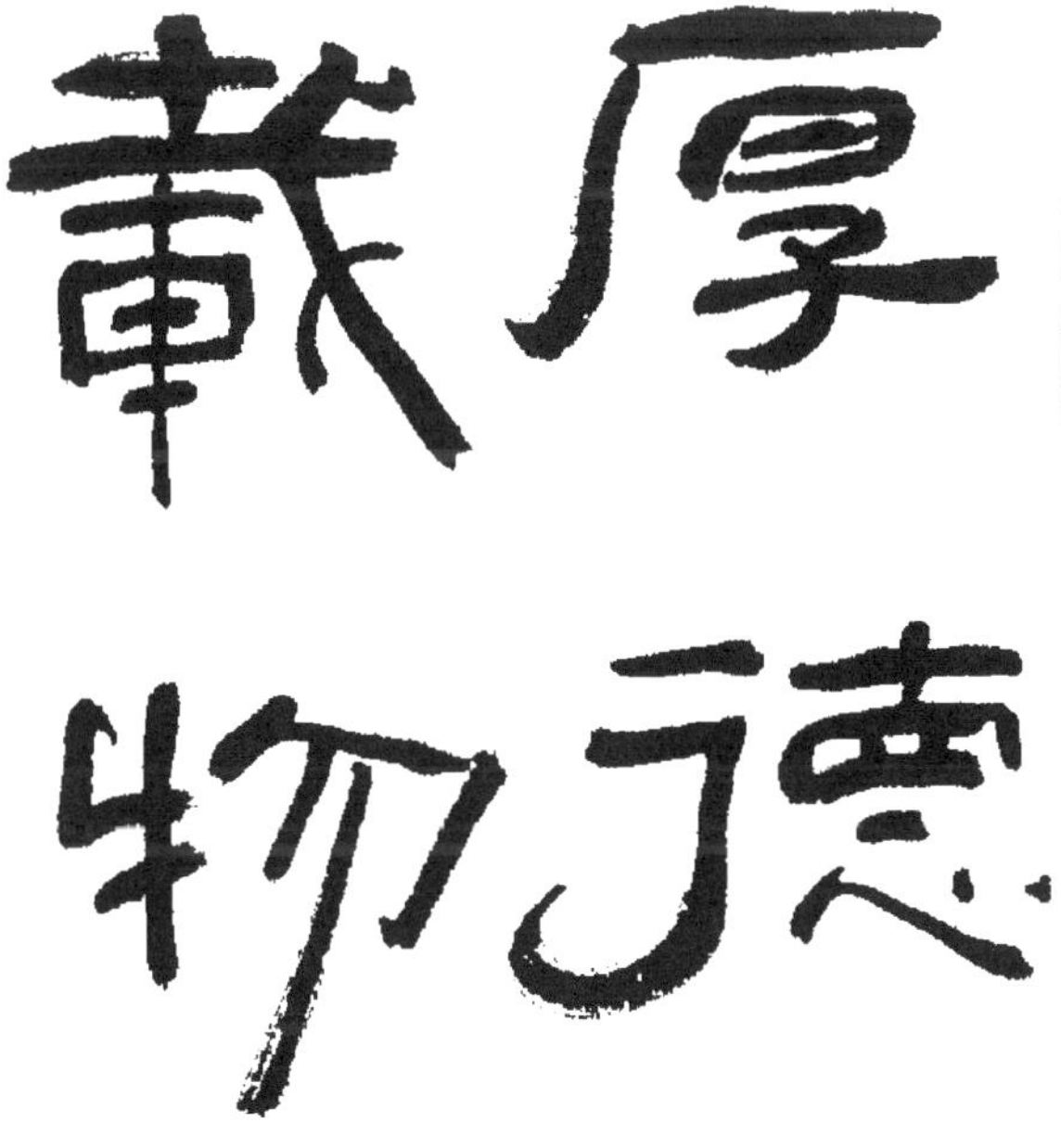

厚徳載物

剛柔相済

柔があるから剛が活き、
剛があるから柔になる。

剛は簡単に実現するが、柔の実現は難しい。

実現の手順は由鬆入柔（化剛為柔）→積柔成剛→剛復帰柔→以至柔剛相済。

ここでいう剛と柔は、規律をもって対立するひとつの系統である。その特徴は、それぞれが相補って成立しているところにあり、剛と柔が個別に存在するわけではない。

人体運動の原動力は筋肉の緊張と弛緩に頼っている。筋の大きさはさまざまだが、その存在目的の第一義は関節の動力であり、それが複合して動作を形成する。筋は関節を動かすために屈曲に働く屈筋と伸展に働く伸筋の両者に大別され、それらは関節の両側に拮抗して配置される。たとえば拳を握るときは指の屈筋群が働き、伸筋群は緩み伸びる。

屈筋が緊張しているとき伸筋が緩んでいれば、屈筋の力は無駄なく発揮されるが、伸筋が拮抗する力を出せばその分屈筋の力は無駄になる。よって、拮抗筋がうまく緩まないと動作筋は持てる力をすべて発揮できない。つまり、拮抗筋の柔によって、動作筋の剛は活きる。

ひとの日常動作のスピードは運動慣性を上手く使った動きである。たとえばふつうに歩いているとき、歩行運動に使われる筋の作動時間と休息時間はほぼ半分ずつである。それに比べると、太極拳は筋の活動時間が長く拮抗作用も強い。そんな運動的特徴のため無駄な力を排除するには意識して緩みを得ることが必須なのである。〝剛柔相済〟の運動生理的な意味はここにある。


もうひとつの側面は、太極拳の武術的指向にある。

太極拳は打撃力を単純に筋出力に求めず、筋活動は筋・骨格構造を力の伝達経路に利用し、力本体は自己の質量を使うように考えることにある。筋の〝剛〟に頼らず、骨格を利用した最小の剛体で質量を伝えるわけだ。

もうひとつの要素は相手と自分との〝平衡〟である。相手が〝剛〟であり、そのとき自分が相手より剛の要素が僅かでも少なければ、自分は相対的に〝柔〟である。柔が良くて剛が悪いわけではない。剛と柔の状態を見極めることを目指すべきであり、そのために積極的に〝柔〟を選択し状況を判断する。このような点から剛と柔のバランスをとるのが、太極拳の求める剛柔相済である。まったくの柔や軟はあり得ず「剛中寓柔、柔中寓剛」の中庸を良しとする。ちなみに、中庸とは、平衡（半々のバランス、五分五分）ではなく、相反するふたつの要素が共存することである。

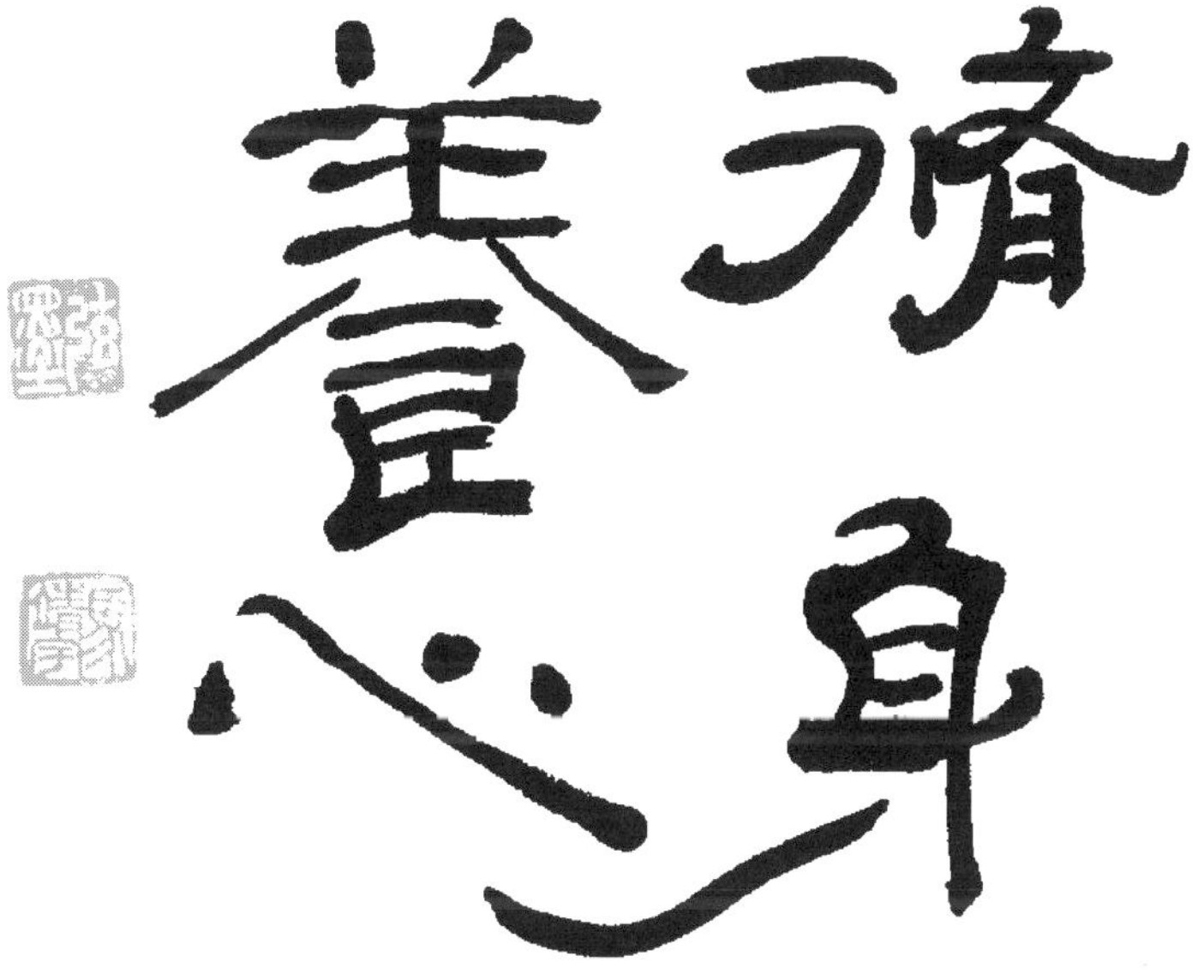

済身
養心

手与肩平

動作の一部で手と肩の高さが一致する。

　これも姿勢の要訣で、左右の手、左右の肩、左右の耳が水平を保つこと。

　例えば、野馬分鬃の左式から左抱球に移る動作の説明において、

左掌自左而上向右划弧、屈臂置于左胸前、掌心朝下、手与肩平、臂呈弧形、肘部微垂。

訳：左手は、上右に向いた弧形で左方に移動し、肘を曲げて左向け前に置き、手のひらを下に向け、手と肩を水平にして、腕全体は弧形で、肘はやや垂れる。といったように使う。

「手と肩は同じ高さに…」とは動作の一部で、動作のすべてではない。

　姿勢の要訣として「胯与膝平」と同様に〝四平〟の一部としての意味がある。手と肩は密接に繋がり、肩関節は人体でもっとも動作範囲の広い関節である。肩から腕のバランスの良否は脊椎の上半分に直接関与するので、姿勢の要求にも合致する。この点に関しては〝立身中正〟〝虚領頂勁〟の補助項目といえる。また〝沈肩垂肘〟の関連項目でもある。

〝壱〟の十五カ所に紹介した書は、
馬靖宇先生にお書きいただいたものである。

弐

稽古要諦のもとになった要訣と健康太極拳基本五ケ条

稽古要諦の出自は中国武術の古典である。師家が選んだ二十四の要訣は、生前親交の深かった顧留馨老師の資料と楊式流派三代目楊澄甫の文献が出自の主体である。また、別の文献からも引用されている。

出典は次の六文献が主となる。

太極拳十要（楊澄甫口授、陳微明芼術）※注、芼術：選ぶ、編集する
太極拳姿勢要求（顧留馨）
十三勢行功歌（作者不詳）
十三勢行功要解（武禹襄　李亦畬）
十三総勢説略（武禹襄）
太極拳経譜（陳鑫）

個々の要訣とその出自を表にしてみると次頁のようになる。■は出典。その他の項は出典要訣名。●とともに記してあるのは同意異字表現。

弐　稽古要諦のもとになった要訣と健康太極拳基本五ケ条

	楊澄甫 太極拳術十要	顧留馨 太極拳姿勢要求	その他の要訣
気沈丹田		■	十三勢行功要解
心静用意		■	
沈肩垂肘	●沈肩墜肘	●垂肩沈肘	
身正体鬆		■	
内外相合	■		
由鬆入柔		■	
上下相随	■		太極拳経譜
弧形螺旋		■	
主宰於腰			十三総勢説略
中正円転		■	
尾閭中正			十三勢行功歌
源動腰脊			
含胸抜背	■	■	
脊貫四梢		●勁貫四梢	
虚領頂勁	●虚霊頂勁	■	十三勢行功要解
二尖六合		■	
呼吸自然		●呼吸協調	
速度均匀		■	
分清虚実	■分虚実		
胯与膝平			
動中求静	■		
眼随手転		■	
剛柔相済			
手与肩平			

楊名時太極拳稽古要諦の参考文献で核心となるものは楊澄甫の残した「太極拳術十要」である。参考に陳微明の書き残した全文を掲載し学習に供したい。

一、虚霊頂勁
二、含胸抜背
三、鬆腰
四、分虚実
五、沈肩墜肘
六、用意不用力
七、上下相随
八、内外相合
九、相連不断
十、動中求静

「太極拳術十要」楊澄甫

一、虚霊頂勁

頂勁者、頭容正直、神貫于頂也。不可用力、用力則項強、気血不能流通、須有虚霊自然之意。非有虚霊頂勁、則精神不能提起也。

頂勁は、頭部は正直を容し、神は頂に貫く也。力を用いるべからず、力用いれば項（うなじ）強ばり、気血の流通能わず、須《すべか》らく虚霊自然の意有り。虚霊頂勁有らざれば、則ち精神の提起は能《あた》わず。

二、含胸抜背

含胸者、胸略内涵、使気沈丹田也。胸忌挺出。挺出則気涌胸際、上重下軽、脚根易于浮起。抜背者、気貼于背也。能含胸則自然能抜背。能抜背則力由脊發、所向無敵也。

含胸は、胸を略《おさ》め内に涵《ふく》み、丹田に気を沈め使《せし》む也。胸は挺出を忌《い》まわしむ。挺出は則ち気胸に涌き、上重く下軽く、脚根浮起し易し。抜背は、気を背に貼る也。含胸に能うは則ち自ずと然るに抜背に能う。抜背に能うは則ち力は脊由り發し、向う所敵無し也。

三、鬆腰

腰為一身之主宰。能鬆腰、然后両足有力、下盤穏固。虚実変化、皆由腰転動、故曰〝命意源頭在腰隙〟。有不得力、必于腰腿求之也。

腰は一身の主宰と為す。鬆腰の能うは、然る后《の》ち両足に力有し、下盤は穏《やす》らかに固む。虚実の変化、皆腰の転動に由り、故に曰く〝命意の源頭は腰隙に在り〟。力を得るに有《あ》ら不《ざ》れば、必ず之を腰腿に求むる也。

四、分虚実

太極拳術、以分虚実為第一要義。如全身皆坐在右腿、則右腿為実、左腿為虚。全身坐在左腿、則左腿為実、右腿為虚、虚実能分、而后転動軽霊、毫不費力。如不能分、則邁歩重滞、自立不穏、而易為人所牽動。

太極拳の術は、分虚実を以て第一の要義と為す。全身皆な右腿に坐し在る如くは、則ち右腿に実と為し、左腿は虚と為す。全身左腿に坐し在れば、則ち左腿に実と為し、右腿は虚と為し、虚実は能く分れ、而して后ち転動は軽霊、毫《ごう》ほども力を費《つか》わず。如《も》し分るを能わざれば、則ち邁《ゆ》く歩は重く滞り、自立は穏《やす》らからず、而して人の所の牽動に易しとする為り。

五、沈肩墜肘

沈肩者、肩鬆開下垂也。若不能鬆垂、両肩端起、則気亦随之而上、全身皆不得力矣。墜肘者、肘往下鬆垂之意。肘若懸起、則肩不能沈、放人不運、近于外家之断勁矣。

沈肩は、肩の鬆開下垂也。若し鬆垂能わざれば、両肩端は起し、則ち気もまた之に随い而して上り、全身皆力を得ず。墜肘は、肘が下に鬆み垂れ往くの意。肘若し懸《か》け起れば、則ち肩は沈むに能わず、人を放ち運《めぐ》らず、外家の断勁に近し。

六、用意不用力

太極拳論云：此全是用意不用力。練太極拳、全身鬆開、不使有分毫之拙勁、以留滞于筋骨血脈之間、以自束縛、然后能軽霊変化、円転自如。或疑：不用力何以能長力？

蓋人身之有経絡、如地之有溝洫。溝洫不塞而水流。経絡不閉而気通。如渾身僵勁充満経絡、気血停滞、転動不霊、牽動一發而全身動矣。若不用力而用意、意之所至、気即至焉。如是気血流注、日日貫輸、周流全身、無時停滞、久久練習、則得真正内勁、即太極拳譜所云：〝極柔軟、然后能極堅剛〟、太極功夫純熟之人、臂膊如綿裏鉄、分量極沈。練外家拳者、用力則顕有力。不用力時、則甚軽浮。可見其力、乃外勁、浮面之勁也。外家之力、最易引動、故不尚也。

太極拳論に云う：此れ全て用意不用力。太極拳を練るに、全身鬆み開き、分毫《すこし》の拙勁有るも使わず、筋骨血脈の間に留滞し、以自ら束縛をもって、然る后ち軽霊変化を能い、円転は自らの如し。或る疑《と》いに：不用力は何を以て長ける力に能うか？

蓋《そ》れ人身に経絡有り、地の溝洫有る如し。溝洫塞がず而して水流る。経絡閉じず而して気通ず。渾身の僵勁が経絡に充満する如くは、気血停滞し、転動霊《さとら》ず、牽動一發而して全身動く。若し不用力而して意用いらば、意は之の所に至り、気即ち焉《ここ》に至る。是れ気血の流れ注ぐ如く、日日貫き輸《はこ》び、流れ全身に周り、停滞の時無く、久久と練り習い、則ち真正の内勁を得、即ち太極拳譜に云う所の：〃柔軟極《きわま》り、然《しか》る后《の》ち能《よ》く堅剛極《きわま》る〃、太極の功夫純熟の人、臂膊は綿の裏に鉄の如く、分量《おもき》は極み沈みなる。外家拳を練る者、力を用いるに則ち力有あるを顕《しめ》す。力用いざる時、則ち甚だ軽浮なり。其の力は可見にて、乃《すなわ》ち外勁、之れ面に浮く勁也。外家の力、最も引き動き易く、故に不尚也。

七、上下相随

上下相随者、即太極論中所云：〝其根在脚、發于腿、主宰于腰、形于手指。由脚而腿、而腰、総須完整一気〟。手動、足動、眼神亦随之動、如是方可謂之上下相随。有一不動、即散乱矣。

上下相随は、即ち太極論中に云う所の：〝其根脚に在り、發は腿、主宰は腰、形は手指。脚に由り而して腿、而して腰、総て須く完整一気〟。手動けば、足動き、之の動に眼神また随い、是れ方《まさ》しく之を上下相随と謂《い》う可し。一つの不動有らば、即ち散乱なり。

八、内外相合

太極拳所練在神、故云：〝神為主帥〟、〝身為駆使〟。精神能提得起、自然挙動軽霊。架子不外虚実開合、所謂開者、不但手足開、心意亦与之倶開。所謂合者、不但手足合、心意亦与之倶合、能内外合為一気、則渾然無間矣。

太極拳を練る所は神に在り、故に云う：〝神は主帥と為し〟、〝身は駆使と為す〟。精神を能く提し得起《でき》れば、自然と挙動は軽霊なる。架子は虚実開合を外さず、謂う所の開は、但《た》だ手足の開にあらず、心意もまた之れ倶《とも》に開なる。謂う所の合は、但《た》だ手足の合にあらず、心意もまた之れ倶に合なり、能く内外の合は一気に為し、則ち渾然として間無し。

九、相連不断

外家拳術、其勁乃后天之拙勁、故有起有止、有続有断、旧力已尽、新力未生、此時最易為人所乗。太極用意不用力、自始至終、綿綿不断、周而復始、循環無究。原論所謂〝如長江大河、滔滔不絶〟。又曰：〝運勁如抽絲〟、皆言其貫串一気也。

外家拳術は、其の勁は后天の拙勁を乃し、故に起有り止有り、続有り断有り、旧力已《すで》に尽くとも、新力未だ生ぜず、此時最も人に乗ぜる所易き為り。太極の用意不用力、自ら始り終に至り、綿綿と断ぜず、周り而して始に復し、循環究《きわ》む無し。原論に謂う〝長江の大河の如く、滔滔と絶えず〟。又曰く：〝運勁は絲を抽《ひ》く如し〟、皆言うは其れ貫串一気也。

※注、后天：後天的

十、動中求静

外家拳術、以跳躑為能、用尽気力、故練習之后、無不気喘者。太極以静御動、雖動猶静。故練架子愈慢愈好。慢則呼吸深長。気沈丹田、白無血脈偾張之弊。学者細心体会、庶可得其意焉。

外家の拳術、跳躑《とうてき》を為す能に以《よ》り、気力尽すを用し、故に練習の后、気喘《あえ》がざる者無し。太極は静で動を御するに以り、動と雖《いえど》も猶《なお》静たる。故に架子を練るに愈《いよいよ》慢なれば愈《いよいよ》好し。慢は則ち呼吸深く長し。気沈丹田、自ずと血脈偾張の弊無し。学ぶ者は細心に体会《えとく》し、庶《どうに》か其の意焉《いここ》に得る可《べ》し。

「太極拳姿勢要求十三項」　顧留馨

①心静用意、身正体鬆
②由鬆入柔、柔中寓剛　※注、寓：（ぐう＝含む）
③弧形螺旋、中正円転
④源動腰脊、勁貫四梢
⑤三尖六合、上下一線
⑥虚領頂勁、気沈丹田
⑦含胸抜背、落胯塌腰
⑧垂肩沈肘、坐腕舒指　※注、舒：（解き放つ、ゆったり伸ばす）
⑨屈膝円襠、骶骨有力
⑩眼随手転、歩随身換
⑪速度均匀、軽沈兼備
⑫内動外発、呼吸協調
⑬意動形随、勢完意連

健康太極拳　基本五ヶ条

最も重要な実技要訣集

「健康太極拳　基本五ヶ条」は稽古要諦などの要訣の中から太極拳動作の基準を示すものとして抽出したものである。伝統要訣集ではないが、五項目の要訣はすべて古くから伝わる要訣の中から選出してあるので、伝統要訣の範疇としてここで紹介する。一部に稽古要諦に含まれない要訣や異なる字句の要訣を含むが、すべて実技学習への反映を考慮して古典要訣から選び出したものである。太極拳の学習には最も重要な学習項目であり、すべてが動きを通じて健康に寄与する要訣集である。

一、平目平視

「頭は傾けることなくまっすぐに、目線も平らに下へ落とさない」

姿勢の善し悪しは健康に寄与するといわれるが、顔の傾きは案外自覚しないものである。視線は手の動きを追いやすいから、動作中は意識的に遠くを見るようにしよう。動作の途中でも、手の動作につられて視線が下がらないように注意したい。

二、三尖相照

「上肢、下肢、頭部の向かう先を揃える」

三尖は鼻先、手、足（つま先と膝）のこと。鼻先は身体の正中にあるが、手と足は正中から外れる。前進動作のときにこれらの動作方向を揃えること。それぞれの動作方向は平行線ではなく収束線である。収束位置は仮想相手より遠くに置く。

三、上下相随

「腰が動きの中心となり、前進は上肢が、後退は下肢が先導する」

もともと力の配分を効率的にするための要訣だが、動きを整えて背式を避け血流を改善する効果が期待できる。前進を上肢が先導することで肩関節の背式を避け、後退を下肢が先導することで下肢血流の腹腔への還流を促進する。

四、中正円転

「腕の上下は肩で、左右は腰で、胴体の回転は股関節で行い円の動きとなる」

ウエストの旋転と股関節の水平回転を効果的に組み合わせること。これが上手く行われると体幹表層の動きが増え、真皮内層の血管やリンパの流れを改善する。さらに姿勢維持筋の活動範囲が拡大し、バランス能力が高まる。

五、分清虚実

「片足が実となり軸ができる。虚と実があり、真ん中で回転しない」

虚実の変化は身体全体に及ぶものだが、その大元は両足間の虚実にある。体重の載らない足、浮いている足に無駄な力が残らないこと。それによって血流増進と感覚力増幅を見込むことができる。

参

指導者十訓

師家の残した指導者のための実用標語集

多くは中国の格言や文語表現から楊名時師家が選別した指導者のための標語集。前半は自己の内面について、後半は他者との関係について述べている。

一、説話和気
二、学無止境
三、天天学習
四、教訓学習
五、心中事少、口中言少、肚中食少
六、敬天信人
七、我為人人
八、自他共栄
九、団結一致
十、求大同、存小異

一、説話和気

「ことば遣いは穏やかに　話すときはていねいに」

金文「気」

中国の格言。中国人民解放軍の軍記「三大紀律 八項注意」のなかで八項注意の筆頭にある標語。

ことばの穏やかさの中に、相手の心への浸透力を秘める話し方をすべし…と説いている。穏やかなことばで、澄み切った水面が遠景を移すがごとく、澄んだ水面から底が見渡せるように、指導者はことばの奥に隠れた真実が聞くひとの心に染み渡るような話し方を目指すべし。

良好なコミュニケーションを確立する基本は「話した内容のごく一部しか相手に伝わらないことを知る」に尽きる。コミュニケーションの伝達効率は、仕事の伝達事項でも五割はいかない。また伝達する相手の人数によっても伝達効率は変化する。たとえば、二～三人なら全員に伝わることも、相手が十人になると半分以下のひとにしか的確に伝わらない。これが百人を相手にするなら伝達率は一割程度に留まる。

確実に情報を伝達するためには、十人のひとがいれば同じことを十回、相手が百人であれば百回繰り返す必要がある。

説話＝話をする

説：いわれや理屈を解き明かした意見

説のもとの文字は「悦」であり「喜ばしい」「心のしこりがとけて喜ぶ」の意味を持つ。

和気＝穏やか、むつまじい、温和、仲がよい。

和＝凪（なぎ）の意味がある。風や波が穏やかになるとき、平の意味を含む。水面が平らに、穏やかになる。遠くを見れば、水面は鏡のように景色を写し、近くを見れば、澄んだ水面から水底が透けて見える。

二、学無止境

「学ぶことに境界はない」（学びは一生続くもの）

甲骨文「学」

中国の格言。清の詩人・劉開の書「問説」の一節。「学問をすることによって、自分の足りないところを知ることができる」という考え方による。

「境」には段階の意味もある。ある程度学習が進めば「これぐらい学べば十分だろう」と思うかもしれないが、学ぶことには終わりはなく、自分の学習期間や地位に甘んじることなく「学ぶ意識を持続する」ことが大切である。

「学び」は受け取ること。学びを得る相手は先生だけではない。先生が生徒から学ぶこともあれば、大人が幼子から学ぶこともある。「学無止境」には形骸を気にして学ぶチャンスを逸することの戒めでもある。

「境」には勉強する科目や種類の意味もある。太極拳の学習にも他分野の知識や事象が役立つことがよくある。教養とは様々な分野の知識を持つことと思われるが、ほんとうの教養とはひとつの分野の専門知識をまったく異なる分野に応用するような柔軟性に富む思考のことだ。

「小にして学べば壮にして為すなり、壮にして学べば老いて衰えず、老いて学べば死して朽ちず」　佐藤一斎『三学戒』

三、天天学習

「日々学習すること」

甲骨文「天」

天とは日本語の日（にち）である。一日は一度として同じ日はなく、同じ暮らしをしていても日常は日々変化するものである。学習も同様で、同じものを繰り返し学習しても、昨日と今日とでは得られるものが違う。学習は繰り返しの積み重ねを重視するものだが、繰り返すごとの変化を知ることも大切である。学んだことを自分なりにとらえるとき、どれだけ積み重ねてきたか厚みを知ることも大切だが、自分の技が少しずつ変化するのを感じることも重要である。「無休学習」と「天天学習」の差はそこにある。

好好学習、天天向上（良く学べば、日々向上する）は毛沢東が好んだ格言のひとつ。

四、教訓学習

「教えることは学ぶこと」

甲骨文「教」

「教則学習」とも表現される。指導、教育に関係する字は教、育、導、講などであるが、「教訓」や「調教」などにみられるように教には「叱る」という意味も含まれる。「教訓」とは「教えをたれること、叱ること」であり、生徒の間違いを正して良い方向に進めることである。ただ説明をするだけなら知識があればよい。しかし叱るという行為は、先生が自ら正しい方向を示さなければ生徒の共感を得ることはできない。その意味で、「教訓学習」は「生徒を叱ることは、先生にとって学習の成果を試されるとき」と解釈できる。

《学習について》

學：メが二つ。伝授の交流（爻）二つの手＋屋根＋子＋爻で学校（伝授の行われるところ）を示す。

新しい情報に出会い、感心し、心に留めること。

「学」は、交流を通じて情報や知見と出会うこと。交流の相手はひとと限らない。たとえば、道端にある雑草に何かを感じたら、それは出会いである。「森羅万象のすべてが学びの師」という教えは古今東西を問わない。

習：羽は鳥が羽ばたくさまをあらわす。
白は色をあらわさず、繰り返しのこと。
「習う」は、繰り返し積み重ねること。

「学習」とは学び得たことを繰り返し積み重ねて身に付けることである。

五、心中事少、口中言少、肚中食少

「悩みは少なく、言葉は少なく、食べ過ぎず」

金文「心」

四少養生訣〝口中言少、心中事少、腹中食少、自然睡少。以此四少、神仙快了。〟の一部。

心中事少：（事：ものごと。ここでは心配事やストレスになる事象）

もめ事は常に欲が絡むものである。ゆえに、心を穏やかにする基本は欲をコントロールすることからはじめなければならない。心配事やもめ事は、頭脳や身体の活動に偏りを生じ、高じると健康に害が生じる。

悩みごとを持っていても、ずっと悩み続けても解決しなければ時間の無駄。心配事はしっかりと対応し、他の時間に引きずらないことが良い。

口中言少：

しゃべりすぎは体内の気を消耗し、それは神経系とも密接に関係する。ゆえに歴代の道家や佛家は安心、静座をして、つねに養生を心がけていた。

ひとつのことを多くのことばで語るほど、核心はボケるものである。ひとに伝えたければ、少ないことばをさらに選ぶぐらいがちょうど良い。

肚中食少‥

飲食の節制は昔から養生の基本であり〝飲食が倍になれば、胃腸は傷つく〟といわれている。〝養生三要〟に「胃腸に常に余裕を持てば、則ち真気を得て身中を巡り、疾病減少す」と記述される。これは〝食只吃八分〟（腹八分目）といわれる所以である。

唐代の著名医学家である孫思邈《そんしばく》の書『千金要方』の中に次の記載がある。「人要延年益寿、須〝口中言少、心中事少、腹中食少、自然睡少。依此四少，神仙快了〟」（ひとが延年益寿を要すは、須く口中に言少なく、心中に事少なく、腹中に食少なく、然るに自ずと睡少なし。此の四少に依り、神仙は間近なり）

〝自然睡少〟（病気や心配事がなければ、自然な眠りは少なくても良いものだ）は「長く寝ることは気を傷つける」といわれたところから来ている。〝睡〟の文字には怠けたり動くのが嫌でごろごろする意味もある。

六、敬天信人

「天を敬い、ひとを信じる」。

甲骨文「人」

（天を敬うのは忠誠の心であり、人を信ずるのは愛である）

敬は古典・古代的には「敬う」というより「恐れる」に近い。身の回りに起こることだけでなく、自分の知り得ないさまざまな事象を受け入れ、自然や世の中の様々な事柄に敬意をもつことである。「信」は「誠」の意であり「ひとを信ずる」に加えて「ひとに信たれ」と解釈したい。「信＝ひとを欺かないこと、言を違えないこと」であり、自分がひとを信じるというよりは、自分がひとの信頼を得るためと解釈したい。

敬：苟（こう でなく きょく）は羊の角＋人＋口、作りは攴（ほく、動詞の記号）

天＝最上のもの、自然の、生来の、生まれつきの、運命の主宰者である神。

中国の思想では人間には全て天から一生をかけて行うべき指名（天命）が与えられており、それを実行しようとする者には天から助けを受け、天命に逆らう者は必ず滅ぶと考えられている。

天帝（てんてい）は古代中国の祭祀、及びそれを原型に後世成立した道教における最高神。しかし、同様に最高の神格でありながら非偶像である「天」と、偶像である天帝を区別する場合もある。

古代中国より天子は天帝を祀ることを義務（天義）とされた。

一般の民が太上老君（老子）や黄帝を祀ると、それが道教の基盤になる。

信：欺かないこと、言をたがえないこと、誠。

人を信ずる＋人に信たれ

人：他人、

然るべき人、立派な人、人材

七、我為人人

「私は人々のために尽くす」

甲骨文「我」

中国の標語。「為す」とはある行為をする、あるまとまったものを作り上げるの意。「人人」は自分以外の他人である。多くの場合不特定多数の人々を指すが、特定の集団であれば目上のひとにも目下のひとにも等しく役に立つ人間でありたいということ。上司には諂《へつら》うが部下には横柄な態度に出るようでは「我為人人」とはいえない。よく使われるのは対語表現の「我為人人、人人為我」。仏語で同意味の〝Tous pour un, un pour tous.〟「全員が一人のために。一人は全員のために。」（英語ではOne for all, all for one）は有名な小説『三銃士』に登場することば。

中国語で「為人」といえば「ひととなり、人柄」のこと。「我為人人」とは我と他人の間に「人柄」が入る構図である。「自己と相手の関係が人柄で結ばれる」と解釈したいものである。

為：なす。ある事に手を加えてうまく仕上げる。つくる。あるものに手を加えてうまく作り上げる。おさめる。ある事に手を加えてうまくまとめる。

為人＝ひととなり、人柄。

八、自他共栄

「自分も他人も共に栄える」

甲骨文「共」

嘉納治五郎先生が説いた講道館柔道の理念のひとつ。

「我為人人」は「我（私）」と「人人（複数、多くのひと）」（一対複数）の関係であったが、「自他共栄」の「自」と「他」は個人と個人の対等の関係も含む。自分とそれ以外の多くのひとの関係もあれば、一対一で対立する個人の関係も含まれる。

ひとは社会を構成する生き物であり、他人との共存共栄が社会生活の基本であるのは洋の東西を問わない。基本的な社会通念の問題であれば共存共栄を望むのは当然であるが、生き死にに関係ない趣味性の高いことほど些細なことで対立が生まれるもの。指導するという行為は、やり方によっては無意識にひとを傷つけることもある。目に見えない対立を避けるためには、関係するひとすべてと支え合っていること（共栄）を意識したい。

九、団結一致

「団結して事にあたること」

金文「壹、一」

団結はひとがまとまる、結束、連帯する意味。仲がよい、友好的の意味も含まれている。

一致団結は、多くのひとがある目的に向かって、まとまって事にあたること。団結一致も同じ意味あいだが、「一致団結」が一時的な事象を含むのに比べて「団結して致すところ一つなり」は「致す」という行動に継続性が見て取れる。

教室は多くのひとが集まる。友好的なまとまりで、健康というひとつの方向を目指して、指導者は日々研鑽につとめたい。

団＝円いもの、まとまり。

致＝ものごとの方向と結果

一致＝いたすところひとつなり。
多くのひとが一つの目的のためにまとまること
挙国一致、一つの目的のために国全体が一体となること。

十、求大同、存小異
「小異を残して大同につく」

甲骨文「大」

中国の格言。「求同存異」ともいわれる。一九七二年、日中国交正常化にあたり日中共同声明のとき周恩来首相が引用した。

「小異を捨てて大同につく」とは違い、「お互いに小異を認めて、共通したたいせつなもの（事）に向かおう」ということ。「些細なことはないことにしろ」といわないのが中国的ともいえるが、相手の小異を認めたうえで一致団結を模索するのはとても合理的、実際的な考え方である。ひとが集まればその人数分だけ価値観が存在する。団結してことにあたる際には、リーダー（指導者）は集まったひとそれぞれに違った個性・価値観を持つことを良くわきまえて、お互いに尊重しあえる関係を構築したい。

存：残す、預けておく。

たもつ、じっととどめておく、たいせつにとっておく
なだめて落ち着ける、状況をいたわり尋ねる

肆

古典

太極拳は中国では比較的新しい武術流派だが、もとの理論は『易経』まで遡り伝統中医学理論も取り入れた養生法の側面を持つ。伝統流派には理論や技法を解説した多くの文献が伝えられてきた。ここではその一部を紹介する。

太極拳に関する古典の代表は『太極拳経』であるが、ここに紹介する文献はそれを補佐する重要な資料であり、これらをよく理解することは真の太極拳を知る近道である。

一、陰陽訣
二、十三總勢説略（太極拳論）
三、十三勢行功歌
四、釈原論
五、十六関要訣

一、陰陽訣

陰陽訣は楊式太極拳の伝統歌訣で、楊式二代楊班侯の作と伝えられるが定かではない。

七言八句の形式をとり、太極拳の陰陽用法を解説するもので、陰陽説と五行説の両方を含み、中国古典思想を知る上でも興味深い文献である。

太極陰陽少人修、　呑吐開合問剛柔、
正隅収放任君走、　動静変化不須愁。
生克二法随着用、　閃進全在動中求、
軽重虚実怎的是、　重里顯軽勿稍留。

太極陰陽を修める人少なし、呑吐開合は剛柔に問う。
正隅収放は行くに任せ、動静の変化は愁うにおよばず。
生克の二法は用（用途）に随い、避けるか行くかはみな動中に求めるにあり。
軽重虚実はなにが正しいのか、重の中に軽が見え末端に留まることなかれ。

太極陰陽少人修、
太極の陰陽をほんとうの意味で修めているひとは、意外に少ないものだ。

呑吐開合問剛柔、
息を吸う・吐くや手法の開合は、剛と柔の関係から問うべきである。
・呑吐は呼吸の表現、開合は攻防の基本要件。

正隅収放（注）任君走、
方向の変化や前後の進退は相手に委ねるべきで、

動静変化不須愁。
動くか待つかの変化に惑う必要はない。

生克二法（注）随着用、
相手の力を活するか克するかはそのときの用途に任せ、

閃進全在動中求、
避けるも進むも動きの中に求める。

軽重虚実怎的是、重里顯軽勿稍留。
軽重虚実の真実とは、重いように見えても軽さを含み、少しの間も留まらないことである。

※注：正隅収放

正隅は太極拳の手法、八門（四正と四隅）のこと。収放は蓄発・攻防の別表現。
この四字で技法動作における変化の選択肢を提議している。

※注：生克二法

〝生克〟は五行説の〝相生相克（そうしょうそうこく）〟に由来する。相生相克から転じて、ここでは相手の技や力を活用するか克服するかの判断を指している。

五行説は中国で陰陽説と同時に語られることの多い古典思想で、万物は五種の元素で構成されるとする考え方に基づく。五種の元素はそれぞれに影響を与えあい、その変化によって天地万物は生滅盛衰を繰り返すと説く。

相生とは、事象の生成をあらわす。あるものが他を生み出していく関係の循環である。

木生火（木は火を生ず）木は燃えて火を生ずる
火生土（火は土を生ず）火は燃えて土になる
土生金（土は金を生ず）土の中から金が出る
金生水（金は水を生ず）金には水（露）がつく

水生木（水は木を生ず）水は木を育てる

相克とは、事象の対立をあらわす。あるものが相手を滅ぼしていく関係の循環である。
木克土（木は土に勝つ）木は土をどけて根をはる
土克水（土は水に勝つ）土は水をせき止める
水克火（水は火に勝つ）水は火を消す
火克金（火は金に勝つ）火は金を溶かす
金克木（金は木に勝つ）金は木を切る

二、十三總勢説略（太極拳論）

『十三總勢説略』（太極拳論）は、後に『太極拳経』とともに発見された文献のひとつ。『太極拳経』が原則を説いているのに対して『十三總勢説略』は具体的な用法の解説書で、動作の原則や方法を含む。その点で、『太極拳経』と一対で研究・学習すべきものといえる。

毎一動、惟手先着力、隨即松開。猶須貫串一氣、不外起、承、転、合。始而意動、既而勁動、転接要一線串成。気宜鼓蕩、神宜内斂。勿使有缺陷處、勿使有凹凸處、勿使有斷續處。其根在脚、發於腿、主宰於腰、形於手指。由脚而腿而腰、總須完整一氣。向前退後、乃得機得勢。有不得機得勢處、身便散亂、其病必於腰腿求之。上下前後左右皆然、凡此皆是意、不在外面。有上即有下、有前即有後、有左即有右、如意要向上、即寓下意。若將物掀起、而加以挫之之意。斯其根自斷、乃壊之速而無疑。虛實宜分清楚、一處自有一處虛實。處處均有一虛實。周身節節貫串。無令絲毫間斷耳。

一動毎に、惟《ただ》手先に力が着けば、即ち随い鬆み開く。猶《なおか》つ須く一気に貫串し、起、承、転、合を外さず。始め而《よ》り意動けば、既に勁而《ま》で動き、転接は一線の串成を要す。気宜しく鼓蕩し、神宜しく内に斂《おさま》る。缺陥の處有りを使う勿れ、凹凸の處有るを使う勿れ、斷續の處有るを使う勿れ。其の根は脚に在り、発するは腿に於《よ》り、主宰は腰に於《よ》り、形は手指に於《あ》り。由《よ》るは脚、而して腿、而して腰、総ては須く一気に完《まった》き整う。前退に向かう後、乃《はじめ》て機を得、勢を得る。得機得勢の處得ず有らば、身は散亂を使しめ、其の病は必ず腰と腿に之の於けるを求む。上下前後左右皆然り、凡そ此れ皆意に是《よ》り、外面に在らず。上有りは即ち下も有り、前有りは即ち後ろ有り、左有りは即ち右有り、意が上向くを要せば、即ち意を下に寓《よ》せる如し。若し将に物の掀《わ》き起るは、而して之を挫すの意を加えるを以《も》つ。斯れ其の根自ら断てば、乃《すなわ》ち壊るの速き而《ま》で疑う無し。虛実は宜しく清楚に分かれ、一所には自ずと一所の虛実有り。所々均しく一つの虛実有り。周身の節々を貫串す。絲毫の間も断じ令《せしめ》ること無かれ。

一瞬一瞬の動きの中で少しでも相手の力を感じたら、遅滞なく緩んでそれに随い受け入れる。それだけに留まらず一連の流れを止めず一筋に流し、起承転合の機を外さない。はじめに意が動けば勁もすでに動き、その変化は串が刺さるが如く一線の流れを成す。内に気が揺れ動いていても姿は落ち着きを見せる。姿勢は折れ曲がりや突出を避け、伸びすぎ行き過ぎを防止する。技の根は脚にあり、発するのは腿であり、主宰するのは腰であり、形は手指に至る。脚から腿、そして腰と、すべての経路と流れはひと息に連なり整う。前進や後退などの動きがあってはじめて機勢を得ることができる。機勢を得ることが適わなければ身体はバランスをなくすが、その原因を求めるべきは必ずといって良いほど腰と腿である。上下前後左右の方向性は、おおよそ意によるべきで、外面にとらわれてはいけない。上であれば即ち下も存在し、前に進むときには後ろも含み、左にあるときは右にも有する。意が上を向くときには、下にも意を用いること。ものがわき起こるときには、これが挫かれることも留意すべきである。根を断たれたものは崩れるのが速いこと間違いない。虚実は良く清楚に分かれ、部分部分に必ず等しく虚実がある。全身の節々は連接して繋がり動き、少しのあいだもけっして断たれることがあってはいけない。

《十三總勢説略の変種と内容》

『十三總勢説略』の原文は武禹襄所有の〝太極拳譜〟に含まれた数冊の文献のひとつといわれている。太極拳の古典といわれる文献には、文字違いや省略・付け足しなどによって多くのバリエーションを持つことが多い。ここに紹介する『十三總勢説略』と『太極拳論』はもとは同じ出自であったが、時を経て冒頭部分に相違が見られるようになった。

冒頭の一句「毎一動〜転接要一線串成」までが、「一擧動、周身倶要軽霊、尤須貫串」と略された別本がある。師家楊名時が『太極拳論』として著書で引用・解説したのも、この簡略版である。オリジナルと思われる長文のほう（ここでは『十三總勢説略』）は、言い回しが質朴でありながら内容は具体的で、武式太極拳特有の四字訣「起承転合」を含む。

両者の冒頭を比較してみよう

『十三總勢説略』

毎一動、惟手先着力、隨即松開。猶須貫串一氣、不外起、承、転、合。始而意動、既而勁動、転接要一線串成。

訳：一瞬一瞬の動きの中で少しでも相手の力を感じたら、遅滞なく緩んでそれに随い受け入れる。それだけに留まらず一連の流れを止めず一筋に流し、起承転合の機を外さない。はじめから意が動けば勁もすでに動き、その変化は串が刺さるが如く一線の流れを成す。

『太極拳論』

一擧動、周身倶要軽霊、尤須貫串。

訳：個々の動きは、全身に軽快さをそなえ、なおかつすべて連接した流れを成す。

冒頭句の差でもっとも重要な点は「起、承、転、合」の四文字が含まれるか否かである。これは、文章の「起承転結」と同様に、技の役割と連接変転の解説である。

起：接手

承：引進
転：落空
合：合即出

『太極拳論』（十三總勢説略の省略版）の全文。

『太極拳論』

一舉動、周身倶要軽霊、尤須貫串。気宜鼓蕩、神宜内斂。勿使有缺陥處、勿使有凹凸處、勿使有斷續處。其根在脚、發於腿、主宰於腰、形於手指。由脚而腿而腰、總須完整一氣。向前退後、乃得機得勢。有不得機得勢處、身便散亂、其病必於腰腿求之。上下前後左右皆然、凡此皆是意、不在外面。有上即有下、有前即有後、有左即有右、如意要向上、即寓下意。若將物掀起、而加以挫之之意。斯其根自斷、乃壊之速而無疑。虚實宜分清楚、一處自有一處虚實。處處均有一虚實。周身節節貫串。無令絲毫間斷耳。

三、十三勢行功歌

『十三勢行功歌』は『十三總勢説略』と同様に武澄清が『太極拳経』とともに発見した文献のひとつである。この書も『太極拳経』の具体的解説書といえるが、戦闘技法修練の行き着く先を〝益寿延年〟と表現し、健身を意識したところに注目すべきである。

全文は七語二十四句で構成され百六十八文字を有する。文中に〝百四十〟とあることから、最後の四句二十八文字は後に付け足されたものか、付属語の類と推測される。

十三總勢莫軽視　命意源頭在腰隙　※注：命意＝意味、源頭＝源、水源
変転虚実須留意　氣遍身躯不稍滞
静中触動動猶静　因敵変化示神奇
勢勢存心揆用意　得来不覚費功夫
刻刻留心在腰間　腹内鬆浄氣騰然
尾閭中正神貫頂　満身軽利頂頭懸
仔細留心向推求　屈伸開合聴自由　※注：推求＝追求、研究する
入門引路須口授　功夫無息法自修　※注：引路＝道案内　無息＝休むことなく
法＝模範、手段、見習うべきもの

若言体用何爲準　意氣君来骨肉臣
詳推用意終何在　益寿延年不老春　※注：益寿延年＝長生きをする
歌兮歌兮百四十　字字真切義無遺　※注：切＝接　義＝道理　遺＝散る、発散する
若不向此推求去　枉費功夫貽嘆息

十三の総ての勢を軽く視る莫れ。命意の源頭は腰隙に在り。
虚実の変転は須く留意せよ。気は身躯に遍《くまな》く稍《すこ》しも滞らず。

静の中に動に触れ動きて猶《なおか》つ静す。敵に因む変化は神奇を示す。
勢勢に心在りて意を用いて揆《おしはか》り、功夫を費やす不覚を得《え》来《きた》る。
刻刻《ときどき》に心を留めるは腰間に在り、腹内は鬆《す》にして浄《きよ》く気は騰《わきあが》るに然り。
尾閭は中正にして神は頂を貫き、満身は軽利にして頂《いただ》く頭は懸《うかせ》る。
仔細を心に留め推求に向かい、屈伸開合の自由を聴く。
入門の引路は須く口で授け、功夫は息《やす》み無く法は自ら修《おさ》む。
若し体用の何を準と為すかを言えば、意気は君に来《し》て骨肉は臣。
意を用いて詳しく推しはかるに終《つま》り何の在るか、益寿延年にて春老いず。
歌え歌え百四十、字字は真に切《せっ》し義は遺す無し。
若し此を推求に去《い》くに向かわずは、枉《いたずら》に功夫を費やし嘆息を貽《のこ》す。

十三あるすべての技を軽視してはいけない。意の命ずる源は腰隙に存在する。虚実の変化移り変わりは、そのすべてを意識すべきである。そのために、身体全体に気を配り滞ってはならない。

あたかも静ばかりに見える中に動を探し当てて動き、それでいて静を崩さない。このような敵に因む変化は、相手にとっては神奇も同然である。

ひとつひとつの動きに心をとめて意を用いて推しはかることで、漠然とした練習を繰り返す愚かさを知ることができる。

常に腰間に意識を持ち、腹中に思いを残さず、気を全身に巡らせるのがよい。尾閭を正して頭頂を立てる姿勢であれば、まるで天から吊されたように満身は軽くなる。

子細も漏らさず研究を進めれば、屈伸開合の自由を得ることができる。入門にあたっては教えを受けることができるが、後は休みなく修練に励み、法則は自ら感じ悟るもので、教えを受けるものではない。

仮に、形式と用法が何を基準とするかといえば、意と気が君主であり、骨肉は臣下といえる。

意識を持った詳細な学習の末になにがあるのか、それは益寿延年にて老いることない春である。

この百四十字によって太極拳の真義に接することができ、道理は一散することを逃れる。

もしこの研究を求めなければ、いたずらに努力を浪費したため息が残るばかりである。

四、釈原論

『釈原論』は武澄清（注）の作といわれる。この文献は『太極拳経』の語句の解説と自他との関係論を明らかにする解釈を記したもので、太極拳の具体的な用法論である。

「動之則分、静之則合」分為陰陽分、合為陰陽合、大致状況如此。分合皆謂己而言。

「人不知我、我独知人」懂到之謂也。揣摩日久自悉矣。

「引進落空」「四両撥千斤」合即撥也。此字能悟、真有夙慧者也。

「左重」、「右重」、「仰之」、「俯之」、是謂人也。「左虚」、「右杳」、「弥高」、「弥深」、

「愈長」、是謂己亦謂人也。「虚」、「杳」、「高」、「深」、「長」、人覚如此、我引使落空也。

「退之則愈促」、乃人退我進、促迫無容身之地也。如懸崖勒馬、非懂勁不能「走」也。

此六句、上下、左右、前後之謂也。

「動之れ則ち分、静之れ則ち合」分は陰陽の分を為し、合は陰陽の合を為し、大致《おおむ》ね此の状況の如し。分合は皆己而《よ》り言う。「人我を知らずして、我独り人を知る」懂勁は之を言う也。揣摩の日久しくして自ら悉《し》る。「引進落空」「四両撥千斤」合即ち撥也。此字の能く悟《よ》るは、真に夙《はや》きから有る慧者也。

「左重」、「右重」、「仰之」、「俯之」は是れ人を謂う也。

「左虚」、「右杳」、「弥高」、「弥深」、「愈長」、是れ己を謂う亦は人を謂う也。

「虚」、「杳」、「高」、「深」、「長」、此れ人の覚《さと》るが如く、我の引き使わしめる落空也。

「退之則愈促」、乃《すなわ》ち人退にして我進たる、促《よ》り迫り身を容る地無き也。崖に勒馬を懸ける如く、懂勁に非《あらざ》れば能不《あたわざ》る「走」也。此れ六句、上下、左右、前後を謂う也。

「動けば則ち分かれ、静まれば則ち合す」というが分は陰陽が分かれることで、合は陰陽が合うこと、概ねこのような状況をいう。「人我を知らず、我独り人を知る」これは勁のことをいい、鍛錬の日々を重ねて自ら得るものである。「引進落空」「四両撥千斤」であれば合則ち撥である。この言葉を良く理解でき実行できるのは、持って生まれた才能を有するひとである。

「左重」、「右重」、「仰之」、「俯之」これらは相手が感じること、または相手の状態をいう。

「左虚」、「右杳」、「弥高」、「弥深」、「愈長」これは相手または自分がひとを頼る状態をいう。（弥：いよいよ）

「虚」、「杳」、「高」、「深」、「長」これは相手が自覚するもので、自分の引き込みによる相手の落空である。

「退之則愈促」相手が退くのに合わせて自分が前進し、迫ることで相手は身を置くところを失うことをいう。これは崖っぷちで竿立ちになった馬の手綱さばきに似て、勁を悟らなければ実現しない。則ち前後左右上下、すべての方向においてである。

※注、武澄清：『釈原論』の著者で、武式太極拳創始者である武禹襄の兄。科挙制度の中でもっとも難しいといわれた進士合格者である。高級官吏の県令として河南省舞陽県に赴任したとき現地で『太極拳経』その他数点の文献を発見した。

古代中国では、日本の村に相当する郷や里をまとめて県（日本の郡に相当する）と呼び、一万戸以上の県の長を県令、それ以下は県長と称した。県の上位には郡（長は太守）、その上位は州（長は刺史または牧）。

五、十六関要訣

作者不詳。

十六関要論、十六関要説とも記される。身体の主要部位十六カ所（足、腿、膝、腰、背、頂、気、掌、指、髄、神、耳、鼻、口、身、毛）に関する要訣を述べる伝統武術要訣集。太極拳成立以前から伝えられるもので、太極拳以外の内容も含み、中国武術全体の要訣といえる。

一、活潑於腰

二、靈機於頂

三、神通於背

四、流行於氣
五、行之於腿
六、蹬之於足
七、運之於掌
八、通之於指
九、斂之於髓
十、達之於神
十一、凝之於耳
十二、息之於鼻
十三、呼之於口
十四、縱之於膝
十五、渾靈於身
十六、全身撥之於毛

一、活潑於腰

活発さは腰から。

腰は身法のもとであり、軽々と変化すべし。

○活潑＝良く反応すること。

二、靈機於頂

軽快さは頭頂から。

頂が上に伸びることで姿勢が整い、蓄発が滞らない。

靈機＝インスピレーション、妙案が浮かぶ。

○妙案を思いついた瞬間、頭が持ち上がり、思考と動作が軽快になる。

三、神通於背

巧みさは背から。

動きの良否は背の姿勢で決まる。

○神通＝特に優れた腕前のこと。腕前の良さを姿勢がバックアップする。

四、流行於氣
気は全身を巡り、滞らせない。
○流行＝広く行き渡ること。

五、行之於腿
歩を進めるのは腿。
身体の進行は歩法による。
○行＝目的地に向かって移動する。

六、蹬之於足
踏むのは足。
勁は踏むところから湧く。
○蹬＝足で踏みつける。足で乗る。身体と地との連結。

七、運之於掌
巡り動かすのは掌。
掌の運用によって勁は腕から指先、そしてその先に達する。

掌は気の運行の要である。

○運＝運ぶ。運用する。

八、通之於指

通すのは指。

技は勁となって作用する。指の運用が勁を通す。勁の根源は気、気は人体を巡り指先に到達する。

○通＝伝える。行き来する。

九、斂之於髄

気は脊髄に収まる。

脊髄は中枢神経の末端であり、末梢神経と繋がる神経伝達（気の流れ）の要衝である。

○斂＝おさまる。留める。集める。

十、達之於神

気は神（表情）に表れる。

神が現れるのは目。精神は目を主とする表情に表れる。

○達＝表現する。伝える。表す。

○神＝顔つき。表情。

十一、凝之於耳

意を静め気を収めれば、耳が鋭敏になる。

耳を澄ませることは精神を集中すること。

○凝＝精神を集中する。

十二、息之於鼻

呼吸は鼻でおこなう。

息は呼吸のこと。ふつうの呼吸は鼻でする。

○息は「休む」「静める」の意味を持つ。

十三、呼之於口

大きく息を吐くときは口から。

声を出すときはしっかり口をあけてはっきり発声する。

呼＝声を出す。叫ぶ。呼ぶ。口＝出入りするところ。

○十二と十三は、鼻呼吸と口呼吸の使い分けをあらわす。

参考：鼻呼吸は静かに落ち着いている状態、口呼吸は声を出したり大きく呼吸をするときに使う。太極拳的には「息之於鼻」のみと考えればよい。十三は発声を使ったり、大きく息を吐く技を持つ流派の要訣。

十四、縦之於膝

膝は横にぶれない。

膝は縦（前後か上下）に動く。

○縦＝上下または前後のこと。

十五、渾霊於身

身体の内外が整い、要素がバランスする。

気が全身に巡ってバランスが整えば、その姿は重厚に見える。

○渾霊＝重厚なさま、整い方が重厚である。

十六、全身撥之於毛

中枢の意と全身の気をもって行い、力を使わない。

○毛＝体毛のこと。頭髪ではない。

十六の要訣は次の五項目に分類される。

（一）身法の解説

（二）気についての解説

（三）発勁の作用と要領の解説

（四）耳目口鼻の器官と気の運行についての解説

（五）総括（全身項目）

（一）身法の解説「一、活潑於腰　二、靈機於頂　三、神通於背」

一、活潑於腰：

腰は身法変化のおおもとであり、

活潑（軽々と変化可能）であるべし。

二、靈機於頂：

背脊（脊椎）は蓄発の要であり、

頂が上に伸びることで整う。

脊椎の姿勢が整わないと一気貫串でなく蓄発変換の用をなさない。

三、神通於背：

神経の情報伝達が滞らないためにも〝頂頭懸〟による背脊の姿勢が要。

●活潑＝良好な反応　●靈機＝妙案　●神通＝優れた腕前

㈡　気についての解説

「四、流行於氣　七、運之於掌　八、通之於指　九、斂之於髄」

四、流行於氣：

〝気遍身躯不少滞〟のこと。また〝気は背脊から四梢を貫く〟をいう。

七、運之於掌：

掌は気の運行の要衝である。

八、通之於指：
指は末梢、気は指まで届いて〝四梢を貫く〟といえる。
九、斂之於髄：
四梢を貫き体内を遍く運行した気は髄に収まる。蓄勁を指す。
●流行＝広く行き渡る　●運＝運用する　●通＝行き来する　●斂＝おさまる

（三）発勁の作用と要領の解説（下肢動作の関連項目）
「五、行之於腿　六、蹬之於足　十四、縦之於膝」
五、行之於腿：
身体の進行は腿がつかさどる。歩法のこと。
六、蹬之於足：
勁は踏むところから起きる。
十四、縦之於膝：
膝は縦に動く（横にぶれない）。
●行＝移動する　●蹬＝地との連結　●縦＝上下または前後

（四）耳目口鼻の器官と気の運行についての解説

十、達之於神　十一、凝之於耳　十二、息之於鼻　十三、呼之於口

十、達之於神：

練気化神のことで〝神は気を率いる〟とされる。

神を表現するのは目、眼法眼神である。

十一、凝之於耳：

神気の用法をいい、意を静めて集中し気を斂めれば耳は良く聴くことができる。

十二、息之於鼻：

鼻で呼吸をする。

十三、呼之於口（呼吸往来于口）：

発声する武術の要訣。

太極拳的には、舌先を上顎につけることで口腔内を広げ、呼吸に応じて津液（唾液）の分泌を促す。

●達＝表現、神＝姿　●凝＝精神集中

（五）総括（全身項目）「十五、渾靈於身　十六、全身撥之於毛」

十五、渾靈於身：

もともとは渾靈一身。渾靈＝重厚なさま、整い方が重厚である。身の回り内外が全体に整い、各関連項目が整然一体となって相互にバランスしていること。

それぞれの項目で序列が整然と整っていること。

十六、全身撥之於毛：

意と気をもって行い、力を使わないこと。

〝気遍身躯〟で気は指だけでなく毛にも達する。〝気貫毫毛也〟

この要訣は「十六関要論（十六関要説）」とも記され、文字遣いや並び順の違うものも伝承されている。それぞれを見るに意味としては大差ない。例として代表的な二文を掲載する。

例一、

蹬之于足、行之于腿、縦之于膝。活潑于腰、霊活于背、神通于頂。流行于気、運之于掌、通之于指、歛之于髄。達之于神、凝之于耳、息之于鼻、呼吸往来于口。渾靈一身、全体撥之于毛。

例二、

活潑于腰、靈機于頂。神通于背。不使気、流行于気。行之于腿、蹬之于足、運之于掌、充之于指。歛之于髄、達至于神。凝之于耳、息之于鼻、呼吸往来于口。縦之于膝、渾靈一身、全体撥之于毛。

伍

参考要訣

稽古要諦や指導者十訓の内容以外にも多くの要訣が伝えられている。数例掲載し、学習の参考に供したい。

「文以評心、武以観徳」

文を以て心を評し、武を以て徳を観る。

文とは学問、知識、教養を指す。これらの使い方にそのひとの心があらわれる。武とは闘争力、忍耐力、勇猛な精神を指す。これらの使い方にそのひとの徳があらわれる。

そのひとの持つ学問、知識、教養の使い方で人間性が分かり、そのひとの持つ闘争力、忍耐力、勇猛な精神の使い方で人間性が分かるという意味。文と武は対立するものでなく、誰でも心の中に持っているもの。その使い方によってひととなりを判断する糧となる。心を評するだけで、武を観ない、武を観るだけで、心を評しない。これはどちらも片手落ちである。

※注、文：文言、文章、文化的な、文明の、非軍事的。
※注、武：軍事、勇ましい、武術、戦力。

「教不厳、拳必歪。学不専、拳必濫」

教え厳しからずは、拳必ず歪す。もっぱら学ばずは、拳必ず濫《みだ》る。

先生がいい加減な教え方では、生徒の形が歪むのを止められない。生徒が真摯に学習しなければ、形が乱れるのを止められない。

「師父領進門、修行在個人」

師父は門に領《みちび》き進め、修行は個人に在り。

先生は学びの道の門を開き、生徒を導き入れることができる。その道を進むのは生徒自身である。先生の指導が生徒の学習のすべてではない。教えられたことは繰り返すことではじめて身に付くもの。その繰り返しを〝修める〟という。修める作業は生徒自身がすることである。

「学道容易、修道艱難」

学道は容れ易く、修道は艱難《かた》し。

学びは〝未だ知らないこと〟の知見である。学ぶ機会が増えれば、豊富な知見を得ることができる。知見が豊富であっても、身についていなければ意味はない。良師は豊富な知見を与えてくれるが、必要量を弁《わきま》え与えすぎないのも良師の条件である。修道とは、ひとつのものを身に付けてはじめて意味を持つ。ひとつのものが身に付くまで学習が進んでいないにもかかわらず、さらに上のものを欲するのは間違いか遠回りかのどちらかである。

「学拳容易、改拳困難」

学拳は容れ易く、改拳は困難《かた》し。

「拳」は太極拳などの技と考えればよい。入門すれば、型や技を学ぶことは難しくない。しかし、独習などで歪んだり乱れたりした型や技を改めることは容易ではない。師から学ぶことと自ら習い修めることのバランスの大切さがここにある。また、思い込みや間違いを指摘されたとき、素直に受け入れることも、真摯に学ぶ条件である。

「手眼相随、手到眼到」

手と眼は相随い、手到れば眼到る。

手と眼は必ず関連して動き、技の成立はその関連性の良否で判断できる。手の動きは武術における全身動作の到達点といえるが、それは全身の協調があってこそ成立するものである。すべての動きは意識が先導し、意識は眼にあらわれる。

これは上下相随と関連する要訣であるが、上下相随は手法と歩法の連係、この要訣は眼法・身法と手法の連係を示唆している。
すべての動作は全身が関与し、一部分が独立して動くことなく、意識はまず眼にあらわれ、それが全身に波及して連係一気であること。

「歩大不霊、歩小不穏」

歩大きくは霊ならず、歩小くは穏ならず。

〝霊〟とは軽快なさま、〝穏〟とは安定していることを指す。歩幅が大きすぎると安定はするが軽快な動きはできない。歩幅が小さければ動きは軽快だが安定はしない。歩法は技の土台であるが、安定と良好な動作の元は動作ごとの歩型である。自己の体型に比して大きすぎる歩型は軽快さを犠牲にし、小さすぎる歩型は安定を欠く。良好な動作にも中庸はたいせつである。

「肘不離肋、手不離心」

肘は肋を離れず、手は心を離れず。

〝肋〟は胸郭、〝心〟は心臓または身体の中心を指す。相手を前にしたとき、肘が脇から離れすぎることを戒め、どちらかの手が常に身体中心を守る位置にあることを要求する要訣。肘が脇から離れすぎる姿勢は肩甲骨と胸郭を結ぶ筋作用に無駄が多く、有効な力を発揮しない。また、相手と自己の間に片方の手を配置するのは攻防動作の基本である。

参考字解

打：

中国で「打太極拳」というと「太極拳をする」ことである。このときの「打」は「（ある種の）動作をする」という意味に使われる。先生に「打拳」といわれたら「やってみなさい」ということだ。「打」は文字としての意味や使い方がものすごく多い。たとえば、「打路条」は「通行証を出す」だし、「打皮」といえば皮をむくこと。「打水」は水を汲むこと。「打草案」は草案をつくることである。

武：

戈＋止。止は足の意で、戈＋止は戈をもって足で堂々と前進するさまをいう。『春秋左氏伝』宣公十二年に「戈（カ）を止（トド）むるを武となす」とあるのは誤りである。「武」は威厳があることであり、やみくもな勇猛や、無知な腕力ではない。「戈を持って堂々と行進する」ことは戦うことだけを意味するのではなく、戦いをおさめ、平和と安定を目指すための行為でもある。「武」は「相手との力量」だけではなく、「自分への厳格さと誇り」を備えたものであることを忘れてはならない。

舞：手足を動かして神の恵みを求めるという意味。

心をはずませる。

むやみにでたらめなことをする。

舛：両足を開いたさま。

無（ブ）：ひとが両手に飾りを持つさまで舞の原字。

幸いを求める神楽舞のこと。

「舞」は呪術的意味合いの濃い感性による振りで、理法や動作の目的には縛られないものである。もともと霊感的、感情的なもので、理法を必要とするスポーツや健身運動とは性格を異にする。

套：

「套」はあるものの中身を覆う「覆い」とか「カバー」の意。加えて「組みになっているもの」や「やり方」「手口」「手順」などを指す、またはそれらを数えるときに単位として使われる。太極拳の套路も「ひと連なりの動作手順」を指す。太極拳を一回やれば「一套」、二回やれば「二套やった」といえるわけだ。

拳：

「握りこぶし」の意味だが、中国武術の慣例で技・術そのものの代名詞として使われる。たとえば太極拳仲間が「打拳」といえば「太極拳をやる」こと、「練拳」は「太極拳を練習する」ことである。

あとがき

「収集した品で美術館を…」という父楊名時の口癖を道場建設とともに実現したのが神田の楊名時太極拳記念会館（ＮＰＯ日本健康太極拳協会本部道場）である。ただし根っから武術好きの父が収集したのは美術品に留まらない。太極拳などの中国武術関連の文献も数多く収集した。幼少から武術に勤しんだ父であるが、その一方で学問も怠らず、結果射止めたのが山西省官費留学生の資格である。おかげさまで筆者も無事還暦を過ぎたが、実のところ勉学熱心さと酒量は、まだ遠く父に及ばない。

その父は生前、文献を収集しただけでなく、研究にも精を出した。実際に、父の得意分野は古典や理論の研究であり、普及のための簡化太極拳（二十四式太極拳）の動作実技への取り組みは研究対象というより自然体であった。なにせ子どものころから徹底的に武術に明け暮れたひとだ。なにも考えなくとも身体が動くのだから、二十四式太極拳に自分の学習してきた伝統太極拳の技法を当てはめるに苦労するはずがない。だから時々で動作の表現が変化推移するのも自然に身体が動く感性の賜物、言わばわが父の人生が作りだしたもので、その動きは私を含めて誰も真似することはできない。父もそれを認めて私にも子どものころから武術を仕込み、加えて「理論研究を怠るな」と口癖のようにいっていた。

「楊名時太極拳稽古要諦」は、父が古典文献から抜粋した太極拳練習者にとって秘伝にして必要欠くべからざる用法集である。内容の多くは楊式太極拳三代目伝人楊澄甫の「太極拳術十要」と上海の武術家 顧留馨老師（故人）の「太極拳姿勢要求」から引用されている。父は顧留馨老師と親交が深く、私も若い頃から上海を訪れるたびにお世話になり、手荷物いっぱいの文献を父宛に託されて帰国したこともある。

父無き今、父の集めた文献は我が手元にある。そして私のライフワークとなりつつある「太極拳経」の研究は、無き父に勧められた道である。「ひとりの武蔵を育てるより、多くの健康人を育てたい」といっていた父であるが、人びとのリーダーたるには絶対的に知性が必要であることを私に知らしめたのも父である。生前、父が研究したいと挙げていた技法や文献は多々あり、本人がやり残したものも多い。ひとりでも多くの健康人を育てることは当然ながら、父のやり残した研究を少しずつでも推し進め、社会に還元していくことも、父の意思を継ぐものとしては大きな務めである。

社会科学の分野では「チーム、企業、教室等々、『トップ（代表）がいて構成メンバーがいる人間集団』の構成員は、トップの器以上の質にはならない」といわれている。多くの仲間ができた今、その中から少なからぬひとが「知性」の研究に興味を持ち、研究に励んでくれるものと思う。太極拳愛好者がこの要訣集をよく勉強することで、知性溢れるリーダーが多く生まれるであろう。そして同時に掲載した古典文献の数々は、さらに研究を進める上でとても有用な糧となる。

形あるものは変化するのが世の常、変化しても大切なものを守るためには知性と理法を修めるしかない。将来にわたって私たちの進む道を踏み外さないためにも、これらの文献が知性の道しるべとなることを願ってやまない。

平成二十三年　夏　　楊　進

編著者略歴

楊　進［よう・すすむ］

1947年京都生。薬学修士。楊名時太極拳始祖・楊名時師家の長男で後継者（京劇で有名な「楊令公」の子孫で山西楊家第41代）、ＮＰＯ法人日本健康太極拳協会理事長、太極学院学院長。内家拳研究会主幹。幼少より太極拳を楊名時に、形意拳を王樹金に学ぶ。数少ない李天驥の直弟子のひとり。著書：『新版健康太極拳規範教程』（ベースボール・マガジン社 2011）、太極拳の古典を解説した『太極拳経解釈　至虚への道』（二玄社　2009）、訳書では『健身気功・易筋経』等多数。「推手入門」等ビデオ、ＤＶＤ作品も多数ある。

橋　逸郎［はし・いつろう］

1954年生、愛知県出身。中部学院大学短期大学部特任教授、楊名時太極拳師範、中部内家拳研究会代表、ＮＰＯ法人鞭杆協会副理事長、半田市健康太極拳協会代表、東海ホリスティック医学振興会理事、愛知県武術太極拳連盟理事。著書：楊進との共著『新版健康太極拳規範教程』、雨宮隆太との共著『太極拳が身体によい理由』『健康太極拳エクササイズ』等。訳書に『健身気功・八段錦』『原典 練功十八法』（ともにベースボール・マガジン社）がある。

【書法】馬靖宇　字玄墨　1959年生。中国山西省忻州市出身。山西大学芸術系卒業の後、立教大学に留学。現在、山西大学国際交流学院書法・二胡講師、中国山西省書法家協会会員。

健康《けんこう》太極拳《たいきょくけん》稽古《けいこ》要諦《ようてい》　楊名時《ようめいじ》太極拳《たいきょくけん》の秘必用法《ひひつようほう》と太極拳《たいきょくけん》古典文献《こてんぶんけん》

2011年7月25日　第1版第1刷発行
2023年5月30日　第1版第4刷発行

編著者：楊　進／橋　逸郎

発行人　池田哲雄
発行所　株式会社　ベースボール・マガジン社
〒103-8482
東京都中央区日本橋浜町2-61-9 TIE浜町ビル
電話(03) 5643-3930（販売部）
(03) 5643-3885（出版部）
振替 00180-6-46620
https://www.bbm-japan.com/

印刷・製本／共同印刷株式会社

ISBN978-4-583-10382-2 C2075